[MATHEMATICS TOPIC]

数学说题

指向结构化
思维培育的实践

王哲燕◎著

ZHEJIANG UNIVERSITY PRESS
浙江大学出版社
·杭州·

图书在版编目（CIP）数据

数学说题：指向结构化思维培育的实践 / 王哲燕著
. — 杭州 ：浙江大学出版社，2023.9
ISBN 978-7-308-24257-8

Ⅰ．①数… Ⅱ．①王… Ⅲ．①小学数学课－教学研究
Ⅳ.①G623.502

中国国家版本馆CIP数据核字(2023)第188292号

数学说题：指向结构化思维培育的实践
SHUXUE SHUOTI: ZHIXIANG JIEGOUHUA SIWEI PEIYU DE SHIJIAN

王哲燕　著

策划编辑	吴伟伟	
责任编辑	丁沛岚	
责任校对	陈　翩	
封面设计	雷建军	
出版发行	浙江大学出版社	
	（杭州市天目山路148号　　邮政编码　310007）	
	（网址：http：//www.zjupress.com）	
排　　版	杭州林智广告有限公司	
印　　刷	浙江新华数码印务有限公司	
开　　本	710mm×1000mm　1/16	
印　　张	13.25	
字　　数	230千	
版 印 次	2023年9月第1版　2023年9月第1次印刷	
书　　号	ISBN 978-7-308-24257-8	
定　　价	78.00元	

序

说题——对数学意义世界的本真抒情

这是来自宇宙深处的神圣密码，

这是大自然里蕴含的神秘规律，

这是人类诗性智慧和理性精神激荡而生的神妙音符，

这是洋溢真善美光辉的人类神奇而伟大的文化创造。

究竟是什么享有这至高赞誉？

是的——是数学！

亲爱的读者——特别是小学数学教育工作者们，你们是否也认为数学是如此的神圣、神秘、神妙、神奇？如果认同，让我们共同思考：姑且不论数学教育带给学生的宝贵知识和理性思维等实用价值，就心灵成长和精神塑造等方面来说，宏阔而深邃的数学图景，强劲地激发、唤醒、启迪学生的好奇心、想象力和探求欲，引导他们竭力打开并建构一个属于自己的、更加意味深长的意义世界。这是我读了哲燕老师的书稿后——它宛如一粒石子投入静静的湖水中——内心泛起的向远方脉脉延展的思考涟漪。

我欣喜地看到，作为一名饱含教育智慧与情怀的优秀数学教师，哲燕老师带着对"如何提高小学数学教学质量"这一核心问题的深深追问，以难能可贵的科研意识、让人敬佩的创新精神和扎扎实实的耕耘探索，创造性地培育出了这份原汁原味、生动鲜活的实践研究成果，这既是北仑教育科研园地里绽放的一朵美丽花朵，也是我国小学数学教育实践研究阵地里的一抹靓丽风景！

那么数学"说题"的教育学意义在哪里呢？

显然，"说题"，其行为是"说"，"说"的对象是"题"，行为的主体是教师和学生。"说"即语言表达，语言表达则指思维描述，让思维具象化"流淌"出来；"题"即问题解决，问题解决则指发现问题、提出问题、分析问题和解决问题。为此，"说题"即教师和学生在数学课堂上，将对数学问题思考探究的过程和结果用语言表达出来的一种教学方式。语言表达既是自言自语，提醒自己对思维进行整理、反思和改善；也是说给他人，可为他人提供思维借鉴，同时能使自己与他人进行对话、交流和演绎。与此同时，人类学习的本质就是"问题解决"。由是，"说题"可以让数学"问题解决"的内在机理得以通透呈现，从而使数学课堂更好地回归数学本质；"说题"可以让学生真正经历并深刻体会"问题解决"的全过程，从而培养学生自由自在地用数学的眼光观察世界、用数学的思维分析世界、用数学的语言表达世界的素养；"说题"可以让教师的"教"与学生的"学"真正实现交互作用，更好地促进"以学定教"与"以教导学"的动态统一，数学课堂也就自然而然地走上了遵循教学基本规律的轨道。概言之，因为"说题"，学生会更加深刻地认识和理解数学，会更加自觉地热爱和学习数学，会更加有力地塑造抽象化、数学化的思维方式，提升理性化、结构化的思维能力。"说题"不仅为教师数学专业素养的提升搭建了一个有力支架，也为学生数学学习成绩的改善提供了一份优质养料。

既然数学学习就是数学"问题解决"的过程，那么对学生的数学学习来说，教师的"说题"是为学生提供的数学"问题解决"的"间接经验"参照，学生的"说题"则是学生自己基于数学"问题解决"的"直接经验"写照，这些"经验"终将在学生那里形成属于他自己的新的数学经验，这本身又是数学的文化创生，是对数学世界的新的意义建构。而无论是为了教师还是为了学生，当然，归根到底还是为了学生，数学课堂上的"说题"，在我看来，正是学生依托数学问题而释放的"对数学意义世界的本真抒情"！

本书近乎原生态地反映了哲燕老师在研究数学课堂教学过程中的切身体验。细细品来，每个真实质朴、娓娓道来的精彩案例，其实都是一种实践学习；每个案例的背后，都洋溢着活泼的生命激情。我们可以从中发现富有创意的思考与行动，也可以从中发现基于教育责任与爱心的教育追求。这恰恰是教师体验职业充实、事业荣光和人生幸福的一种工作和生活方式。为此，我对哲燕老师充满敬意！

我常想，为师者，我们能否通过倾心倾力倾情，真正为学生提供一个高尚本真的教育场景，为学生撑开一片展望远方的生活时空，让学生享受一种诗意理性的生命历程？哲燕老师的这本书告诉我，我们是可以做到的。

李铁安

2023年6月

（李铁安，中国教育科学研究院基础教育研究所所长，教育学博士，博士后导师，中国数学会数学史分会常务理事，全国数学教育研究会理事）

Contents

下篇 教师说题案例

上 篇

理 论 部 分

数学说题与结构化思维培育

第一节　结构化思维

一、什么是结构

"结构"是事物各个组成部分之间的有序搭配或排列，关注的是整体与部分的关系。世界上的万事万物都是由部分组成的整体，大到宇宙，小到质子，物质的，非物质的，都离不开部分和整体这两个概念，且都有自身的结构。构成整体的各个部分及其结合方式可以非常多元，比如建筑物承受重量和外力的部分及其构造，按材料分有钢结构、木结构、钢筋混凝土结构、砖石结构和混合结构等；文艺作品的内部构造即作品的各个部分之间有机的组织联系不同，亦会呈现出丰富多彩的风格。

相同的物质因结构不同而具有不同特性的现象比比皆是。比如碳原子按照不同的结构排列可组合成钻石和石墨。钻石是世界上最坚硬的物质之一，通常情况下是透明的，有一定的光泽，能切割玻璃；而石墨则较软，一般情况下是黑灰色的，有油腻感。我们在感叹大自然的造物奇妙之时，也能感受到结构的重要性——结构对性质和功能都有重大影响。

在非自然界，结构的重要性最明显地体现在设计上，教学设计亦是如此。我们的教学设计有时调整一下结构，就会有别样的精彩。

▶ "先20m还是先200m？"——重视方法渗透的思维性

"数学是思维的体操"，有时"结构"改良能让我们的数学变得富有趣味，更加接近学生的学习心理，让学生乐学；更有利于促进学生思维的发展，使学生在习得数学知识的同时还能感受数学思想方法。下面分享两个关于"植树问题"的教学案例片段。

◎ **教学片段一**

1.通过玩手指游戏，引导学生得出手指数和间隔数之间的关系。

2.情景引入，出示例题：同学们要在全长20m的道路旁植树，每隔5m栽1棵（两端都栽），一共需要多少棵树苗？学生分组合作、解答。汇报时引导学生得出棵数和间隔数之间的关系，并通过减少间隔的方式验证该关系是正确的。

3.如果路长是200m，该种几棵树呢？请学生解答。

◎ **教学片段二**

1.回忆数学王子高斯小时候计算从1加到100的故事，让学生发现"找规律"进行简算的好处，也让学生形成"找规律"解决问题的心理准备。

2.情景引入，出示例题：同学们要在全长200m的道路旁植树，每隔5m栽1棵（两端都栽），一共需要多少棵树苗？让学生根据自己的理解列式解答。

3.汇报时，学生列出了几个不同的式子，老师提问：究竟哪个是正确的呢？学生想到画图，但又觉得麻烦。于是老师引导学生思考，遇到大的数据不好把握，可以从小的数据入手，找出规律，然后再用规律来解决大数据的问题。在此基础上，学生从长10m、15m、20m……的思路入手研究关系，总结关系式，然后用关系式检验刚才做的题，最后应用关系式解决问题。

教学片段一先研究20m长的路，目的是降低学生进行画图或摆学具进行验证的难度，分散难点。而教学片段二恰与前者相反——故意给学生的验证制造困难，"迫使"学生"另辟蹊径"——从小的数据入手，寻找蕴藏其中的规律，再运用规律解决数据大的问题。显然教学片段二更有价值，它把例题还原到模拟问题的初始状态，即给学生创设了一个假设的思考场景——若遇到这样的问题我们如何下手？引导学生以小见大，通过找规律来解决问题。课末又出示"12个点能连成多少条线段？"这样的问题，更是点睛之笔。无形中给学生渗透了解决问题的思想、方法、策略，彰显数学学习的价值。

同样的内容，调整结构，也许当场的教学效果没有大的差异，但长此以往，其效果就会迥异，重视思想方法渗透的老师所带的学生，其思考问题的能力和思维拓展的深度是其他学生无法比拟的，这也是造成"智本近"的学生产生"习相远"差异的原因所在。

无论是自然界的事物，还是人类社会的方方面面，包括我们的教学，"结构"都有其独特的魅力和重要的作用，在我们的教学中，不同的结构彰显不同的思维层次，那么思维中有结构吗？结构在思维中的作用又是什么呢？

二、什么是思维

意识是人的大脑对客观事物的反映。"思维"是人的大脑主动对客观事物进行加工的过程，包括思考、推理、想象、选择、记忆等。"反映"是客观事物作用于人的感官，使人以观念的形式对客体及其规律和特性进行摹写、复制和再现的过程。具体来说，思维就是大脑对通过看、听、摸、嗅、尝等各种感知方式输入的客观事物信息进行主动加工，并最终在大脑中形成意识，再通过说、写、画等方式外在表达出来的一种过程（如图1-1所示）。

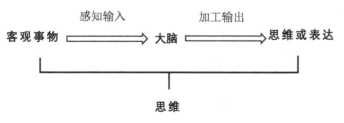

图 1-1　思维过程示意

思维的结构是主体能动地认识世界所建立的概念、判断、推理的框架及其相互联结、转换和互动的形式。思维的结构是思维构制系统演化的建构网络，是认知结构的一部分。由于人的观察、记忆与人的思维分不开，一定的思维结构赋予人以一定的观察力、记忆力、理解和创造性解决问题的能力。在这个意义上，思维结构也可称作认知结构。有人把它看成头脑反映事物的"一种内部网络"，有人把它比喻为主体认识事物的"索引夹"，也有人认为它大体相当于某种图表、格式、模型等。因此，对康德、皮亚杰提出的思维结构，有的译作思维"图式"，有的译作思维"图形"，有的译作思维"格局"，还有的译作思维"构架"。这些说法和译法，从不同角度、不同侧面描绘了思维结构的基本轮廓。思维的结构就是人凭借外部活动逐步建立起来并不断完善着的基本的概念框架、概念网络。思维结构是主体能动反映客体的一种由各种符号连接起来的系统，是主体反映客体的某种规则（如图1-2所示）。

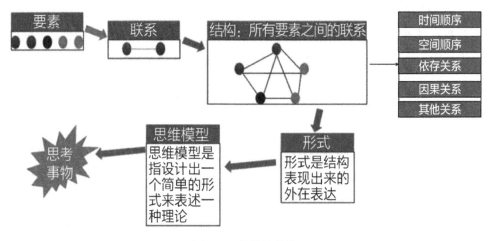

图1-2　思维的结构

思维是从输入到输出的动态过程，涉及客观事物、大脑、表达三个方面。输入的客观事物本身肯定是有结构的，即使大脑不加工输出。由此，输出的结构不同的主要原因就在于大脑的加工过程不同。每个人的大脑中，大约有1万亿个细胞，其中负责思考的脑细胞（神经元）就有1000亿个，左、右脑的脑细胞所掌管的加工动作并不一样。如果把每个进行加工动作的脑细胞看作部分，只要这些脑细胞的加工过程能够有序排列，那么大脑的加工就是有结构的。

三、什么是结构化思维

结构化思维（structured　thinking）由结构化(structured)和思维（thinking）两

部分组成，即客观事物在大脑中有序搭配或排列的反映（如图1-3所示）。

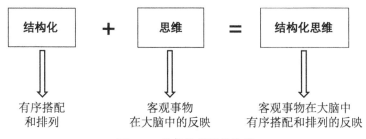

图1-3　结构化思维的定义

客观事物的结构是已知的、确定的，有结构的大脑加工（教）和有结构的输出表达（学）却是变量，本书重点关注什么样的加工和表达能使教学思维更有结构性。有结构的思维也就是结构化思维（如图1-4所示）。

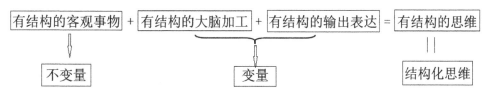

图1-4　结构化思维的公式

首先，结构化思维是用来认识世界、解释世界的。因为有结构的输出表达是结构化思维的关键环节之一，所以结构化思维就是告诉别人你看到的世界是怎样的。

其次，结构化思维包含"有结构的大脑加工"，实际上就是从输入的客观存在的整体与部分的有序结构出发，以同样有序的方式在大脑中进行分析加工，即有序思考。在实际应用过程中，"有序的思考"既需要逻辑思维那样依靠理性的思维模式，也不能缺少简洁、直观的形象思维。

最后，结构化思维就是要清晰地表达、有效地解决。在认识世界的过程中能够更清晰地表达，遇到困难和问题可以更有效地解决。

综上所述，结构化思维是思维的一种高阶形式，指的是由整体向局部展开的思考，是一种具有典型层级性特征的思考模式，是把表象杂乱的问题变得结构有序的思维工具，有助于人们清晰地表达和有效地解决问题。结构化思维的培育包括关联、有序、建构与迁移等环节，最终形成思维闭环，与说题环节交相呼应，相得益彰。

四、数学教学中的结构化思维

在数学教学中若以结构化思维为引领，数学思维就会像搭积木一样简单。结构化思维和搭积木有两个最大的共同点：都是整体与部分的关系，都是从无序到图纸再到创造。

结构是事物各个组成部分之间的有序搭配或排列。积木就是这样的。起初是很多大小不一、形状各异、颜色不同的小积木，有正方体、长方体、圆柱、圆锥、圆台等，这些都是搭房子、桥梁、人物、动物等的基础，有了这些组成部分，才能搭建起想要的整体。在数学教学中，可以把一个一个的知识点、思考环节、要素等看作小积木，只要找到能够组成整体的部分，就可以得到想要的整体，也就是得出思维过程后的结果了。

那么在数学教学中强调结构化思维会不会束缚思维呢？都按标准来，是不是会形成思维定式，导致没有发散性呢？一般来说，一盒完整的积木都有图纸，按照图纸，一步一步拼搭，就可以呈现一个期待中的成品。小孩子在开始搭积木时不会看图纸，只会按照自己的想法随意堆砌，大多数情况下效果没有图纸上的好。逐渐地，他们懂得看图纸了，就会按照图纸上的要求拼搭积木，成品就会如图纸上那般漂亮。随着见识增加，思维开阔，孩子对每块积木的运用已经非常熟悉，对什么形状的积木放在哪里会有一个什么样的结果了然于胸，就会抛开图纸按照自己的想象去搭积木，结果可能不如图纸上那么完美，但是充满了想象力。实际上，思维的过程也是如此，从无序走向有序然后创造。在教学中，可以将结构化思维看作搭积木时的图纸，在没有这张"图纸"之前，思考是无序的、混乱的，这样所得出的结果当然也是不尽如人意的。一旦有了"图纸"，有了"模型"，就有了方法和标准，思路就会变得清晰，就可以得出更好的结果了。

第二节　数学说题

一、什么是学生说题

学生数学说题是指学生通过语言完整阐述自己对数学题目的认识与问题解决方案，包括阅读与理解、分析与解答、总结与反思以及拓展与应用等环节，形成语言闭环，是学生"用数学的语言表达现实世界"的良好途径。

当下，国家推出"双减"政策，为了减轻学生过重的学习负担，不仅在作业数量与时长上都做了明确要求，还鼓励教师在作业形式、课堂教学形式等方面做出改变与创新，改变"想要学好数学就要大量做题"的错误认知，让学生在做习题时能主动、系统地思考。在课堂中，教师在讲解数学练习时也常以个人陈述为主，很少把时间交给学生，让学生阐述自己的思路想法。事实上，学生如果能通过语言表述将脑海中的解题思路呈现出来，不仅会增强数学学习的自我效能感，也能更加深刻地理解解题过程。再者，学生在"说题"过程中会暴露其真实思维，教师就能及时了解他们真实的想法和解题思维的障碍，从而精准把握学生认知起点。具体来说，学生说题的意义可以归结为以下三点。

（一）增强学生学习数学的自我效能感

说题过程不仅仅是说，在说之前，学生需要在脑海中理清解题思路，再将思路转化成语言，才能通过口头语言流畅地展示。说题不单单是说问题的结果，还包括题意理解、数学信息提取过程、解决问题的具体思路等，可见说题过程并不容易，顺利完成说题过程必然能给学生带来不小的成就感，增强其学习自信心。另外，通过说题这一过程，学生对数学题意的理解和对数学思路的把握会更加深刻，对相关数学知识点的理解也能更加扎实，以后遇到类似题型时就能迎刃而解，学习数学也会变得轻松起来，对数学学习的兴趣自然会日益浓厚。

（二）便于教师了解学情从而调整教学策略

有时仅凭解题结果对学生答错的题进行归因是一个难题，而说题教学正好解决了这一难题。通过说题意、说过程、说结果等方式，学生的思维过程得以很好地展现，显现出思维偏差，教师就能快速确定学生在解题思路中遇到的问题，发现学生欠缺的数学知识点，及时调整教学策略，从而省去很多工夫。有时在学生订正错题的过程中加入说题环节，就能帮助教师准确分辨哪些学生已形成正确的解题思路，哪些学生还存在思路疑虑，并且对于那些解题思路还有问题的学生，教师也能快速判断出其思路障碍所在，从而有针对性地帮助他们理解。与此同时，因为订正错题过程不是简单的答案改正，需要展露具体的思路，所以对大部分学生来说，他们在首次做题时会更加小心严谨，从而可降低作业错误率。再者，因为教师让学生在订正时注重解题思路的呈现，所以学生也不会只注重结果而忽视较为重要的订正过程。

（三）提升学生的表达能力和逻辑思维能力

想要顺利地说题，头脑里必须先有完整的解题思路。说题练习是一个从不会到会的过程，在这一过程中，学生的思维能力从弱变强，不断得到提升和拓展。而多次的说题练习，也会使得学生的逻辑思维变得成熟，之后面对数学问题就会有意识地探索，有条理地解决。

再者，口头展露思维过程是一个将头脑中抽象的想法变成口头上能被他人理解的语言的过程，这就需要学生具有较好的语言组织能力，即口头表达能力。口头表达时，不是会说、能说就行，它需要学生将自己头脑里的想法、意图等用语言清晰、明确地表达出来，并让他人理解、体会和掌握。那么通过多次的说题练习，学生对解题思路的讲解会把握得更好，语言表达出来的结果也更能被他人接受与理解。这时的学生说题实际上就是费曼学习法，通过教会他人使自己得到提升。要想教会他人，只站在自己的角度思考问题是行不通的，必须想他人之所想，先他人之所想。因此，学生的换位思考能力也会得到提升。

二、什么是教师说题

教师说题，即把审题、分析、解答和回顾的思考过程按一定的顺序表达出来。说题时不仅要说明解题过程，还要说清问题的来龙去脉、知识的前后联系、解题的策略技巧、蕴含的思想方法，以及由此延伸出的拓展变式。通过文献梳理、问卷调查，教师对说题的认识现状和说题中存在的问题具体如下。

（一）教师对说题的认识现状

1.对说题的地位有较为客观的认识

教师均肯定了说题不仅有助于促进教师更好地"思"，还能帮助教师更好地"教"。同时87.5%的教师认为解题、讲题和说题能力对教师而言有着同等重要的地位。

2.对说题存在惧怕心理

在说题和讲题之间，所有教师都选择了讲题。显然，教师对说题普遍存在惧怕心理，教师担忧的原因主要有二：一是对说题实践的设计无从下手；二是担心自己说不深、说不透。

3.说题的目标内涵单一

教师在选择日常说题的形式时都集中于说题意、说解题思路方法、说蕴含的数学思想这三个选项，并且对自身的说题能力还算满意，经后续追访得知，"还算满意"体现在足够应付给学生讲题。

教师说题是类似说课的一种教育教研展示和讨论活动，是说课的延续和创新，是一种深层次备课后的展示。实际调查显示，教师在开展说题时存在诸多问题。

（二）教师说题中存在的问题

1.就题论题，流于表面

数学这一学科十分注重知识的系统性和连贯性，需要教师深入、全面地研读教材，理解所说题目与教材的联系以及价值功能，从而更准确地把握教学重点。而在实际说题中，教师往往忽略这一点，导致说题内容流于表面，具体表现在对题目的背景和价值挖掘不够，缺乏与教材的联系，导致就题论题的虚无感和孤立感。

2.主次不清，缺少精度

一是对说题对象的认识不清。在实际说题中，部分教师分不清何谓说题，何谓讲题。比如在说思路时，有些教师采用习题讲解模式，埋头讲题或再现"上课"。

二是对环节主次的认识不清。比如在说解题思路环节，多位教师受平时解题教学习惯的影响，把重点放在解说本题具体"怎么做"上，而对"为什么这么做"的思维形成路径的解析相对较少。

3.变式单一，没有梯度

在实际说题中，部分教师只关注"一题多解"，忽略了"一题多变"。多数教师虽提及变式，但是变式类型固化单一，题组缺乏明显的梯度变化。

总体来看，教师对说题有着较为客观的认识，但在实际工作中缺乏实践精神，从而导致说题能力低下，甚至走入"说题"误区。教师说题需要教师对说题对象、内容主次、说题方式形成精准把握，同时需要教师有意识地挖掘问题的深度，用足用好教材，深入解读题目所蕴含的知识点、思想方法、教育价值等，以避免说题浅浅而过，流于表面。

三、教师说题和学生说题的作用

说题作为教学教研活动，是一个促进教师专业发展和促进学生学习的有效途径。而对教师说题的研究最终是为了促进学生说题，促进学生的学习，真正达到教、学、评一体化。总的来说，开展教师说题和学生说题的作用主要在于以下几点。

（一）有利于提高教师的专业素质

说题前，教师要进行一系列的准备工作，如仔细查阅相关资料，认真学习相关的理论，深刻研究学科知识结构与分类，掌握关于题目的来源、目的、知识点等内容。由于"说题"技能涉及程序性知识，因此，一开始教师要多通过自己的出声思维来示范，即教师在课堂上将自己解决问题的过程、方法、决策过程、控制思维的方法说出来，将自己对所做工作的合理性判断说出来，对学生进行"元认知"示范。说题过程中的这些活动，有利于提高教师的专业素质。

（二）有助于提高学生的学习能力

学生说题是一种学习方法，通过说题，学生真正学会了如何解这道题，并举一反三地学会这类题的解法，掌握这道题所包含的理论层面的知识。通过说题，能培养学生解题的思维习惯、思维品质，提高学生的解题能力，让学生养成"说题、想题、做题、反思"的学习习惯，努力提高学生的数学素养。学生说题，有利于培养学生的创新意识、创新思维和探索精神，有利于转变教师的教学观念从而提高教学水平。

（三）有利于理论与实践的结合

《义务教育课程方案和课程标准（2022年版）》（以下简称新课标（2022年版）的实施，为说题提供了广阔的空间。教师在说题时，体现的是教师的教育理论功底、学科知识掌握程度、解题方法理解能力、对教学前瞻性理念的探求，说题促使教师进行理论联系实际。

（四）有利于营造教研气氛

说题活动往往与课堂教学实践活动结合在一起。通过课堂的具体实践，使教师自身的教育理论得以提炼，也给旁人提供参考，集体的智慧得以充分发挥。说题者要努力寻求现代教育理论的指导，评价者也要努力寻求说题教师的特色与成功经验，说评双方围绕着共同的课题形成共识，达到取长补短、优势互补的效果，说题者得到反馈，进而改进、提高和完善自己的教学方案；评价者通过比较、鉴别和借鉴，得到案例示范和理论学习两方面的收益，营造较好的教研氛围。

说题活动大致要经历三个阶段性的发展过程，即教师示范（学生感悟阶段）→学生模仿（学生体验阶段）→学生正式说题（学生掌握运用阶段）。"数学说题"为师生进行数学交流提供了平台，营造了一个民主、平等、和谐的教学氛围。教师说题是为了让学生说题，使数学课堂更生动、数学学习更主动。

第三节　指向结构化思维的数学说题

思维是"地球上最美丽的花朵"，思维品质从根本上决定了学生的学习能力。其中，结构化思维作为一种高阶思维表现形式，以其关联性、条理性、建构性和迁移性，通过层级思考，把表象杂乱的问题变得结构有序，直指学生问题分析、探究和解决能力的培养，显得尤为重要。布鲁纳（Bruner）在结构化思维理论中明确指出，不论选教什么学科，务必使学生理解该学科的基本结构，学习结构就是学习事物是怎样相互关联的。需要强调的是，"数学是思维的体操"，数学学科在培育结构化思维方面有着天然的优势。新课标（2022年版）指出学生的数学核心素养是：会用数学的眼光观察现实世界、会用数学的思维思考现实世界、会用数学的语言表达现实世界。数学核心素养的提出推动了数学教学思维朝着可视可听的方向转变，鼓励学生勇于表达、暴露思维。作为落实数学核心素养培养的有效途径的例题和习题，在教学和评价上也应该做出相应的改变。一路探索发现了诸多不尽如人意的地方，突出表现如下：

第一，重主导，弱主体。部分数学教师关注知识的传授，重视刷题，在教学过程中仍存在以教师为主讲角色而弱化学生主体地位的问题，在分析解决数学问题的过程中，有相当一部分学生在阅读与表达方面存在障碍。

第二，无载体，乱尝试。2001年以来的新课改强调课堂教学中的师生互动、生生互动，对学生的独立思考与完整思考有所忽略。简明准确的数学表达是数学思维过程的反映，如何凸显学生主体地位，赋予学生表达机会和多元方式，一时无载体，教师只能乱尝试，导致无果而终。

第三，零碎化，无结构。有的教师重视思维，但受教材和课时等因素影响，导致课堂存在知识"碎片化"、教学"笼统化"、学习"无序化"等低效现象，这些都不利于学生结构化思维的培育。

为了解决上述问题，笔者通过十多年的探索，逐渐认识到结构化思维培育的重要性，并努力找到了学生数学说题这一培育结构化思维的载体。"语言是思维的外衣"，通过完整的语言表达来外化结构化思维，是一条有效的思维培养路径。学习金字塔理论更是说明语言可以促进思维的发展，提升学习效果。总的来说，数学说题的主要价值和意义如下：

第一，有助于促进学生结构化思维的发展。通过说不同领域、不同层次的例题与习题，经历说题的结构化过程，有助于学生逐步形成对各类题型的结构化认识，促进结构化思维的发展。

第二，有助于为说题教学模式提供范式。通过对数学题目的梳理与教学模式的研究，有助于教师重新审视教材的例题与习题，为说题教学模式提供范式。

第三，有助于说题评价策略的形成与借鉴。在说题过程中，将学生真正作为主体进行展示与评价，形成评价方法和评价标准，为结构化思维培育评价体系提供切实可行的策略。

学生说题

第一节　说什么：系统表达

一、归纳说题选题原则

　　说题内容的选择既要立足于学生数学素养的达成，又要关注结构化思维培育点的落地。在梳理说题内容的过程中，我们提出了以下选题原则（如图2-1所示）。

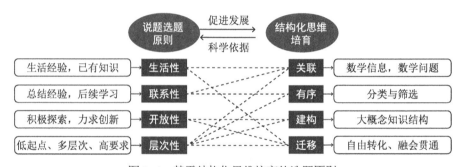

图 2-1　基于结构化思维培育的选题原则

（一）生活性原则

数学源于生活，又回归于生活。说题内容的选择和设计要从学生的生活经验和已有知识出发，同时指向结构化思维培育，关注信息关联，落实知识迁移，选取发生在学生身边的素材，如生活中的购物问题、游玩乘车问题等。

（二）联系性原则

说题的选题要有利于总结规律，并能服务于后续知识学习。好的说题内容不仅使学生掌握概念、法则等基础知识，而且还要在说的过程中培育其结构化思维，使知识上升为技能，关注有序思考和知识关联，改变"学什么就教什么"的做法，提升学生的"最近发展区"。

（三）开放性原则

数学开放题的说题不仅有利于培养学生的应用意识和能力，而且可以使学生在说题过程中指向知识结构，形成知识迁移，最终提升学生的结构化思维，形成积极探索和力求创新的心理态势，为调动学生学习的积极性，提供了广阔的驰骋天地。

（四）层次性原则

新课标确立了"为了每一位学生的发展"的理念，要让不同的学生在数学上得到不同的发展。选择说题内容时力求"低起点、多层次、高要求"。使学生人人都能参与，人人都有用武之地，使每个学生随时处于充满活力、积极进取的状态之中，达到最优化发展，使每个学生都能说、会说、乐说。

二、整理说题内容类型

说题内容要从散点式进阶到架构式，优秀的说题过程需有学生结构化思维的介入，两者相辅相成。题的选择非常重要，说题内容类型分为以下几类，并有相应的作业布置时机（见表2-1）。

表 2-1　说题内容类型

类型	具体内容	作业布置时机
基础类	经典例题 例题配套练习	预习作业 新授后作业
变式类	基于例题有所变化	综合作业
拓展类	课本、练习中打*的题 创编题（师、生） 主题式、项目化作业	分层作业

三、架构说题内容体系

我们根据各学段学生的年龄特征、知识结构和思维结构，归纳出适合各学段的题本特征，并结合结构化思维培育梳理出各册教材（人教版）练习中适合说题的部分内容，形成完整的数学说题内容体系（如图 2-2 所示），便于操作与推广。

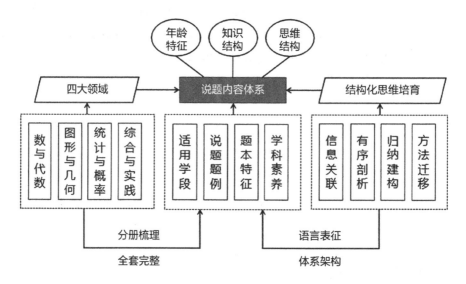

图 2-2　说题内容体系

第二节　怎么说：模式建构

一、理论内涵

　　指向结构化的思维培育主要分为两个方面："问题结构化"与"表达结构化"，也就是"输入端"与"输出端"两大环节的结构化。通过说题，在"问题结构化"的环节中，首先对数学信息与数学问题进行关联，进行合理分类和排序，从而筛选出有效信息，理顺思路，逼近问题，使得问题简单化。在"表达结构化"的环节中，通过归纳或演绎，促使"点状"的单个知识点形成"网状"的知识图谱，进而形成大概念统摄下的数学知识结构，再进一步通过不断的反思、追问、总结，洞察数学知识的来龙去脉，在新旧知识间自由转化，实现对知识的合理迁移，最终达到融会贯通。由此，我们建构了"关联—有序—建构—迁移"的四大培育环节（如图2-3所示）。

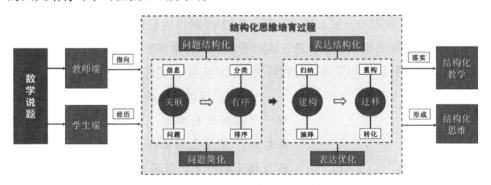

图 2-3　基于说题的结构化思维培育过程

（一）关联环节

　　关联环节即阅读与理解，旨在挖掘内在联系，找出信息问题。小学数学知识是相互影响、相互联系的，考虑到小学生的认知特点，教材将四大领域的内容分散在每个年级段，逐步推进，知识点是相对分散的，所以就需要教师系统地分析知识结构，找到每一块知识的原型，引导学生从整体上认识、理解知识之间的内在联系，将零星的知识点纳入知识体系中。下面以其中一道环形行程问题中的相遇问题为例进行阐述。

【问题2-1】小明和爷爷一起去操场散步。小明走一圈需要 8 分钟，爷爷走一圈需要10分钟。问如果两人同时从同地出发，相背而行，多少分钟后首次相遇？（人教版小学数学六年级上册第45页第5题）

在第一环节即关联关节，学生要能读懂题意，找到关键的信息，并明确问题所求。

A学生：我们先来读信息，小明和爷爷一起去操场散步，小明走一圈需要8分钟，爷爷走一圈需要10分钟，如果两人同时从同地出发，相背而行，多少分钟后首次相遇？这道题的关键是两人同一时间从同一地点出发，而且方向相反；问题是多少分钟后相遇。

（二）有序环节

有序环节即分析与解答，旨在有序剖析信息，逐步突破关键。小学生的思维正处在从形象思维向抽象思维过渡的阶段，而数学问题大多较为抽象，因此在分析与解答环节，辅以多样化的方法来突破思维障碍至关重要，如通过画图、列表、列式、文字等方法进行说题。研究发现，以形象的图形来引导学生厘清抽象的概念是行之有效的方法。如这一题，学生将题目信息通过画图的方式展现出来，通过对图形的观察，引发进一步思考，触动思维的生长点，最后通过说理使学生的思维得到延伸和发展，找到解决问题的方法，促进知识直观化。

A学生：根据信息我们可以画图（见左图），用一个圆圈代表操场，在上面任意画一个点代表起点，在图上标出小明和爷爷各自的方向，画上相反的箭头，最后同时在一个点相遇，画上相遇点。

A学生（思维转化）：这里要求的是小明和爷爷第一次相遇的时间，说明小明和爷爷共同走完了操场一圈的路程。因此，这样的环形行程问题可以转化成直线相遇行程问题。时间＝路程÷速度。结合图形可知小明和爷爷散步的总路程就是操场一圈的距离，速度就是小明的速度和爷爷的速度之和，也就是：时间＝总路程÷（小明的速度＋爷爷的速度）。然而在题目中，并没有告诉我们总路程是多少，也没告诉我们小明和爷爷的速度，所以我们把总路程设为单位"1"，根据小明走一圈需要8分钟，可知小明的速度是$1÷8＝\frac{1}{8}$，同理求出爷爷的速度是$1÷10＝\frac{1}{10}$。知道他们的速度和总路程，就可以列出算式，即$1÷\left(\frac{1}{8}+\frac{1}{10}\right)＝\frac{40}{9}$（min）。答：爷爷和小明在$\frac{40}{9}$分钟后相遇。

不仅如此，有些学生还能发现，把圆形拉直变为直线后，这个问题更直观简单了。除此之外，结合题目还可以使用假设法、对比法、估计法、倒推法、还原法、消元法等。

（三）建构环节

建构环节即总结与反思，旨在回顾思考过程，促进深度思维。说题是促进学生深度学习的抓手，也是学生提升数学素养的过程。如果学生能将解题的思考过程表达正确且清晰明了，就表示他的数学思维已在他的脑海中扎根，数学知识正不断内化、完善、建构，让思维可视。在本例题中，学生可采用多种方法来验证自己做的到底对不对，这可以培养他们反思质疑的好习惯，也将思维的结构化培育推到了新的高度。

【验证1】根据"速度×时间＝路程"，我们假设总路程为单位"1"，根据小明走一圈需要8分钟，可知小明的速度是$1÷8＝\frac{1}{8}$，同理求出爷爷的速度是$1÷10＝\frac{1}{10}$，通过计算得到爷爷和小明将在$\frac{40}{9}$分钟后相遇，那么就用$\left(\frac{1}{8}+\frac{1}{10}\right)×\frac{40}{9}$是否为1来验证，结果证明解答无误。

【验证2】根据"速度×时间＝路程"，我们假设总路程为400m，根据小明走一圈需要8分钟，可知小明的速度是400÷8＝50（m/min），同理可以求出爷爷的速度是400÷10＝40（m/min），通过计算得到爷爷和小明将在$\frac{40}{9}$分钟后相遇，那么就用（50＋40）×$\frac{40}{9}$是否为400来验证，结果证明解答无误。

【验证3】我计算出来是4.5分钟。我们假设总路程为400m，根据小明走一圈是8分钟，可以知道小明的速度是400÷8＝50（m/min），同理可以求出爷爷的速度是400÷10＝40（m/min），那么就用（50＋40）×4.5是否为400来验证，结果是405，不是400，证明解答过程出错了。

（四）迁移过程

迁移环节即拓展与应用，旨在迁移解题方法，培育进阶思维。说题时根据学生的现状，可以先由教师引领着说，从课堂延伸至课外，从知识获得转向知识应用，内通教学内容，外联知识拓展。总结时要学会针对这一类题目说出所涉及的知识点、解题技巧及解题模型，使学生以后遇到这类题目时能举一反三，起到一题一类、一题一路的作用。如在这一题中，学生对方法及时总结，做好反思，提升系统理解，促进反思思维的不断深入发展。

A学生（迁移）：本题是行程问题中的"相遇问题"。本题所涉及的知识就是要学会转化，能够正确找到对应的路程和速度，然后根据公式求出相遇的时间。解决这类问题最重要的就是需要理解相遇的时间＝总路程÷速度和。

二、实操形式

（一）课内课外，规范流程

说题中，解决"怎么说"是关键点，根据课外、课内实际数学说题有两条规范流程：适合视频说题的流程——"读—思—写—说"（如图2-4所示）；适合课堂说题的流程——"读—思—说—评"（如图2-5所示）。

图 2-4　视频说题流程　　　　图 2-5　课堂说题流程

（二）不同类型，各有章法

说的题分为概念类型、计算类型、解决问题类型等不同类型，说题时各有章法。概念类型题的说题在说反思时，要重视说内在本质联系，让学生去沟通其内在本质；计算类型题的说题在说思维过程时，要重视说算理，可以帮助学生巩固所学的计算方法，提高计算水平；解决问题类型题的说题在说思维过程时，要重视说思路（切入点和思维过程）。在解决问题教学中，要训练学生准确地找到切入点，经过分析推理，有逻辑地说出自己的想法（如图2-6所示）。

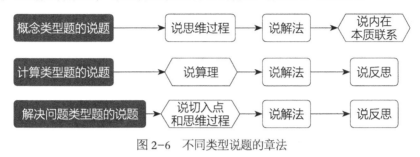

图 2-6　不同类型说题的章法

第三节　怎么教：课堂转型

数学说题是学生自我构建数学知识的过程，是学生根据自己的数学活动基本经验，以自己原有的知识经验为基础，对外部信息进行主动选择、加工和处理的过程。通过"说题"，可以给学生搭建一个互相交流、互相探讨的平台，使学生在交流中进一步理清思路、弄懂问题，甚至产生新的思路、新的解法。学生在数学说题的交流活动中，其思维链条不断地转换、修改与优化，但并不总是流畅的，所以教师的教学艺术在于如何恰当地提出问题和巧妙地引导学生，课堂教学也要随之转型（如图2-7所示）。

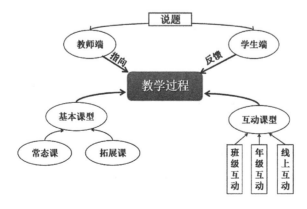

图 2-7　基于说题的数学课堂教学模型

一、基本课型——构筑常规教学

基本课型的常规教学形式一般包括例题说题、练习说题、总结说题、类型说题、题组说题和新方法说题（如图2-8所示）。

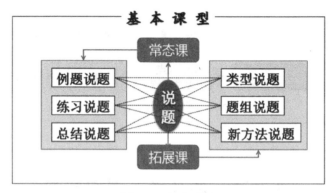

图 2-8 基本课型

例题说题：常态课中，结合课本例题的教学，指定学生试说，启迪全体学生对新知的探索，教师捕捉学生对新知的领悟程度以及存在的障碍。

练习说题：常态课中最为常用的方式，结合练习指定不同学习状态的学生进行说题，体现学生的课堂主体性，同时激发学生参与课堂讨论的积极性。

总结说题：主要包括对新课的总结、单元的总结，精挑题目，针对性说题，提升总结效果。

类型说题：在拓展课中，基于某一题型，专项探讨，指名说题。

题组说题：新知学习后，针对新知的关联知识、题型变化等情况，设计题组进行说题。

新方法说题：对于关键题型，教师设计题目，组织开展"方法大比拼"活动，激发学生探究新方法的欲望。

二、互动课型——构成有益补充

互动课型的常规教学形式分线上互动和线下互动，其中线上互动包括周末互动、假日互动、直播互动等，线下互动包括小先生说题、说题比赛、示范说题和答疑说题等（如图2-9所示）。

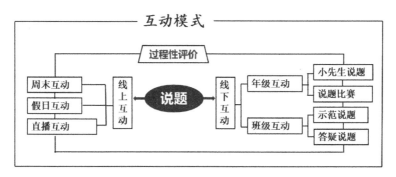

图 2-9 互动课型

周末互动：为进一步落实小学"轻负高质"精神，周末减少常规书写作业量，取而代之的是周末互动说题，教师结合本周新知出题，学生视频说题，师生共同评价。

假日互动：类似于周末互动，活动在节假日开展，充分利用假期巩固知识。

直播互动：在线上直播课中，插入学生说题，活跃课堂气氛，提升直播课的"收视率"，便于教师及时掌握学情。

示范说题：挑选班内知识掌握较好的学生进行说题，拍成视频组内共享，起到示范引领作用。

答疑说题：针对个体，师生互动，现场与视频结合，答疑解难。

小先生说题：分两种，一种是高年级对低年级说题，带动和启发低年级学生开展说题；另一种是同年级组内的小先生说题，一名"小先生"帮扶带两至三名"学生"，知识互补，共同进步。

说题比赛：一般在同年级组内开展，先班内选拔，再组内评比，形成视频集，供组内学生学习。

三、教师介入——构造良性循环

通过实验研究，我们发现，教师的适时介入、合理指导，对说题的指导性和学生思维的提升起到了提纲挈领的关键作用。主要表现在以下几点。

一是关注本质帮助学生说。结合学生说题，教师要有意识地帮助学生抛开知识的外在表现形式，通过适当的引导、探究、总结、巩固、延伸，使学生逐步明晰数学知识的本质。

二是深度追问促进学生说。子曰："不愤不启、不悱不发，举一隅不以三隅反，则不复也。"教师应当扼住知识之本质，考虑学生的身心发展规律及认知水平，围绕教学重难点反复追问学生，让学生在一次又一次的追问中自主思考。

三是民主开放鼓励学生说。课堂的主角应是学生，有些教师会低估学生，但学生学习应当是一个生动活泼的、主动而富有个性的过程。相信学生，你就会收获意外的惊喜。

四是巧用变式激发学生说。教育必须依据学生的心理发展规律和认知结构，遵循由具体到抽象的规律，变式中的例子应由浅入深，做到循序渐进、因材施教，打破学生原有的思维定式，激发学生多角度、多方位地大胆想象与尝试。不仅让学生能够立足生活经验说理，也增强了他们数学思维的活跃性。

第四节　怎么评：评价助推

如何通过评价助推学生说题能力的提升，促进他们结构化思维的形成？我们遵循过程性评价相关原则，把握内涵，创设多维度的记录与评价方式，创生多维度的目标与要求，形成了指向结构化思维培育的评价策略（如图2-10所示）。

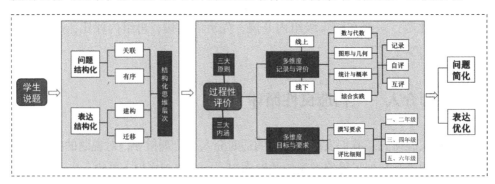

图 2-10　学生说题过程性评价策略

一、以结构化思维层次关照说题评价全过程

学生在数学说题中表现出的结构化思维明显具有质的区别，具体可以描述为两个方面：一是同一人说同一道题时，训练前后的说题结构层次明显不同；二是不同的人说同一道题时，说题结构层次的区别也很明显。依据皮亚杰的认知发展阶段学说和比格斯的 SOLO 分类理论，我们将学生数学说题结构化思维分为四个层次：前结构层次、简单结构层次、基本结构层次和结构化层次（见表 2-1）。建立结构化思维层次，为数学说题过程性评价提供理论基础，引领数学说题活动有目的地开展，以结构化思维层次关照说题评价全过程。

表 2-1　学生说题结构化思维层次

结构层次		具体表现
前结构层次	无关联，未排序，无建构，未迁移	语言：口语化表达，概念混淆，指代不明 结论：基本没有理解问题和解决问题，答题时逻辑混乱，只简单地做出肯定或否定回答，答案没有论据支撑 结构：没有结构，审题、总结等环节缺失。不会结合画图、列表等方法辅助分析解答
简单结构层次	初步关联，有排序意识，简单建构，间歇迁移	语言：初步形成数学语言，概念较为清楚，但重复、混淆现象仍然存在 结论：找到了一个或多个解决问题的思路，但缺少对问题的论证，或只是简单地论证，答题时，只凭一个线索、一点论据就跳到结论 结构：结构初步形成，步骤较为完整，但未能把多种思路有机地整合在一起，形成相关问题的知识网络。有结合画图、列表等方法辅助分析解答的意识，但完成不到位
基本结构层次	基本关联，主动排序，基本建构，主动迁移	语言：数学语言较为规范，概念较为清晰，信息与问题阐述清楚 结论：基本能将多种信息进行关联，有主动比较、选择信息的意识和能力，能找到解决问题的思路，解决较常规的具体问题。 结构：结构化表达已基本形成，能结合多种策略对解题过程进行完整表达，思路清晰，遵循逻辑结构，并主动归类、建模，能由此及彼

续表

结构层次		具体表现
结构化层次	高度关联，有序排列，有效建构，正向迁移	语言：数学语言非常规范，概念清晰，条分缕析，数学味浓厚 结论：能联系多个事件，找到多个解决问题的思路，并能把这些思路结合起来思考，能解决较复杂的具体问题。能对问题进行抽象概括，从理论的高度分析问题、深化问题，使问题本身的意义得到拓展，结论具有开放性，表现出较强的研究能力和创新精神 结构：结构化表达，步骤完整，能把多种思路有机地整合在一起，形成相关问题的知识网络，能提炼思想方法，能正确概述题型，能有效结合画图、列表等方法辅助分析解答，能归纳重点、错点等

以一人进阶表记录同一个学生的说题成长历程（见表2-2），落实"说有痕迹"，为培育结构化思维提供依据。

表2-2　一人进阶表示例

题目：刘奶奶家养了两种不同的鸡，一种有3只，另一种有6只。还养了3种不同的鸭子，每种有6只。问：①刘奶奶家养了多少只鸡？②刘奶奶家养了多少只鸭子？

阶段	说题	语言	结论	层次
第一次说题	3+6=9（只），所以鸡和鸭子都有9只	口语化描述，指代不明	审题不清，逻辑混乱，说题过程只有简单计算，没有理由和依据	属于前结构层次，没有结构，说题环节缺失，且缺少分析的过程
第二次说题	已知刘奶奶家养了两种不同的鸡，一种有3只，另一种有6只。还养了3种不同的鸭子，每种有6只。问题①是问刘奶奶家养了多少只鸡。问题②是问刘奶奶家养了多少只鸭子。我们先看看鸡有多少。鸡有两种，我们可以画两个圈，左边圈放一种鸡，画3个圆，右边圈里画6个圆，就是6只鸡。现在要求一共有多少只鸡，就要把它们合在一起，3加6等于9，一共是9只鸡。再来看看鸭子有多少。鸭子有3种，每种6只，那就先画3个圈，在每个圈里画6个小圆，要知道一共有多少只鸭子，3乘6等于18，一共是18只鸭子	语言数学化，但存在表达重复现象，同时表达的逻辑性有待加强	画图后缺乏对图的描述分析，而是直接进行列式，思维存在断层	属于简单结构层次，说题结构较为完整，但仍缺乏反思环节 能利用画图来分析，但画图后缺乏对图的描述

阶段	说题	语言	结论	层次
第三次说题	从题目中我们知道了刘奶奶家养了两种不同的鸡，一种有3只，另一种有6只。还养了3种不同的鸭子，每种有6只。问题①是刘奶奶家养了多少只鸡。问题②是刘奶奶家养了多少只鸭子。我们先来解决第一个问题，第一个问题和鸡有关，鸡有两种，我们可以画两个大圈来表示，一种有3只，我们就在第一个圈里画3个正方形，另一种有6只，就在第二个圈里画6个三角形，求一共有多少只鸡，就是要把两个圈里的鸡合起来，用加法解决，3+6=9（只）。我们再来看第二个问题，求的是鸭有多少只，知道鸭有3种，我们可以画3个圈表示3种不同的鸭，每种有6只，说明每个圈里有6只鸭，我们可以在每个圈里写数字6，求一共有多少只鸭，就要把3个圈里的鸭子合起来，也就是求3个6的和是多少，可以用乘法来解决，6×3=18（只）。解答正确吗？我们可以回到图里，还可以数一数。鸡从6开始数，6，7，8，9，共有9只。鸭子的数量用加法，6+6+6，一共是18只。在这道题目里面，我们要仔细观察，鸡是两种合起来，可以直接加，而鸭是3种，每种6只，所以不能直接用3加6，而是要把3个6合起来，用乘法计算	语言规范，概念清晰，条理清楚，有较浓的数学味	说题层次分明，表达逻辑性强，且能在解决问题之后进行对比、提炼，抓住了题意的本质	属于结构化层次：结构化表达，步骤完整，能对鸡和鸭的不同解法进行有效辨别，并能准确概述题型。同时能够利用画图辅助分析问题，并能在反思阶段继续利用图来反思

以多人分层表记录不同的学生在说同一道题目时的不同表现（见表2-3），便于记录、分析与比较。

表2-3 基于数学说题的结构化思维多人分层表示例

题目：一袋坚果，已经吃了5/7kg，还剩下全部的4/7没吃。已经吃的和没吃的相比，（ ）。

A. 已经吃的多 B.没吃的多 C. 一样多 D.无法确定

阶段	说题	语言	结论	层次
学生甲说题	题目说已经吃了5/7，还剩4/7，5/7比4/7大，所以是已经吃的多，选A	该学生的表述偏向口语化，并且对分数的意义理解不透彻，一个分数是"量"还是"率"，没有加以辨析，概念混淆	该学生不理解解题目中5/7和4/7的具体含义，直接拿来比较大小，得出结论，结论的依据是错误的	该学生的说题缺少审题、总结等环节，说题的结构不完整。并且，该学生没有结合画图等方法辅助分析解答，只是简单地把两个分数进行大小比较
学生乙说题	读题后，我发现题目告诉我们两条信息：一是"已经吃了5/7kg"，二是"还剩下全部的4/7没吃"。我通过画图的方法，把这的和没吃的相比，哪个多。我通过画图的方法，把这一袋坚果看作单位"1"，那么已经吃的就占全部的"1-$\frac{4}{7}$=$\frac{3}{7}$"，$\frac{4}{7}$>$\frac{3}{7}$，没吃的多，选B 剩下的是$\frac{4}{7}$ 1-$\frac{4}{7}$=$\frac{3}{7}$	该学生语言表述较为规范，并且对"还剩下全部的4/7没吃"这句话的意思思考得到位，也能知道4/7对应的单位"1"是该袋坚果的全部。但是该学生没有对"已经吃了5/7kg"这条信息加以解释，也没有说明4/7和5/7这两个分数在此题中有什么不同	该学生找到了解决问题的思路，抓住"还剩下全部的4/7没吃"这条信息求出已经吃的占"1-$\frac{4}{7}$=$\frac{3}{7}$"，最后通过比较两个分数的大小得出结论。但是"已经吃了5/7kg"这条信息得不到相应的解释	该学生的说题结构初步形成，有审题，思路及审题步骤相对完整。但是，该生避重就轻，只是单一地说明了解题思路，没有说明为什么只选择"还剩下全部的4/7没吃"这条信息进行解答，对分数是"量"还是"率"理解得不够透彻，有关分数意义的相关知识网络尚未形成。并且，该生虽用画图辅助解答，但是线段图的画法不够到位，问题线没有标示出来

续表

阶段	说题	语言	结论	层次
	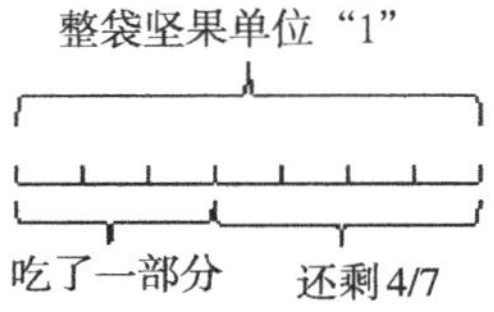 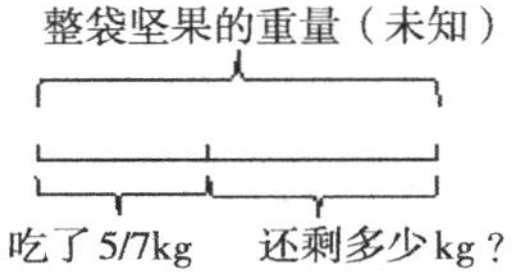 通过审题，我们可以看到两条信息：一是"已经吃了5/7kg"，二是"还剩下全部的4/7没吃"。需要解决的问题是"已经吃的和没吃的相比，哪个多"。虽然已知"已经吃了5/7kg"和"没吃的占4/7"，但是我们不能直接比较这两个分数的大小。因为这两个分数的意义是不同的，5/7kg是一个量，而4/7的占全部的意义是：把这袋坚果看作单位"1"，平分成7份，没吃的占其中的4份，如下图所示。从图中我们很容易看出，已经吃的就占全部的 整袋坚果单位"1" 吃了一部分　　还剩4/7 $1-\frac{4}{7}=\frac{3}{7}$，$\frac{4}{7}>\frac{3}{7}$，没吃的多，选B。	该学生数学语言规范严谨，数学味浓厚。并且，该学生对分数的意义理解清晰，不仅能正确地解决问题，说清思路，还能借助画图准确地辨析信息是否有效	该学生说题的目的不仅仅是说清思路，得出答案，其在此基础上还从画图的角度解释了"已经吃了5/7kg"这条信息无效，得不出结论的原因，深化了这道题的解题。最后，该学生还结合具体情境再去解决问题，拓展了这道题本身的意义，体现数学素养和概括能力好的数学	该学生的说题结构清晰完整，不仅有审题、思路和结论环节，还有辨析、反思环节。例如，点出了不能直接把5/7和4/7进行比较，以及5/7kg是无效信息这两个易错点。最后的反思中，该学生还提炼出了本题的重点是理解分数的意义，并且指出分数结合图的方法可以辅助分数意义的理解。这些都体现了该学生清晰的知识网络结构
学生丙说题	刚才我们仅仅使用第二个条件就得到了结论，那如果用第一个条件是否也能得到结论呢？我们画画图来看一下。5/7kg是一个量，由于我们不知道这一袋坚果原来有多少千克，因此我们也求不出还剩下多少千克，已经得出结论，无法得出结论，5/7kg是无效信息。 整袋坚果的重量（未知） 吃了5/7kg　　还剩多少kg？ 这道题目给我们的启示是：在一个具体问题中，一定要先理解分数的意义，再去分析解决问题。关键时候还可以数形结合，借助画图去理解分数的意义。			

二、以过程性评价原则内涵引导说题规范化

在说题过程中，以三大原则、三大关系、三大内涵为核心的过程性评价，是对结构化思维层次具体化的承载，是过程性评价的核心依据，以此引导说题活动有序、有方向地开展（如图2-11所示）。

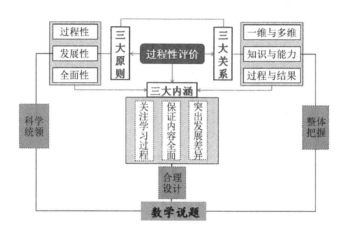

图 2-11　数学说题过程性评价的内涵特征

（一）三大原则科学统领数学说题

1.过程性原则

将学生学习的全过程纳入评价范畴，充分发挥评价的作用，引导学生了解自己、克服困难，促进学生健康、全面地成长。过程性原则要求教师树立动态的、发展的评价机制，及时发现学生的优点，而不是随意给学生贴永久"标签"。

2.发展性原则

一切教学评价行为以促进学生发展为原则。发展性原则要求对学生的评价从原来的甄别性评价转向发展性评价，既要关注学生在知识与能力方面取得的进步，也要关注学生在学习过程中表现出的情感与态度。

3.全面性原则

在过程性评价中，要通盘考虑学生数学学习过程中的影响因素，让定性基于定量，让评价更全面、更准确，更易于被学生接受。全面性原则要求在科学性基础上，将相关因素有规律、有区别地统一起来，不同学段分层次地确定标准。

（二）三大关系整体把握数学说题

1.一维与多维

"一维"是指教师对学生的单向评价，这是重要但不唯一的评价渠道，教师与学生之间、学生与学生之间、家长与学生之间都要形成通道，评价主体多元、对象多元，从而促使评价渠道多维，让学生得到"立体"式评价。

2.知识与能力

评价的目的一方面在于评价学生对所学知识的掌握情况，另一方面在于评价学生在能力上的提升情况。

3.过程与结果

新课程倡导"立足过程、促进发展"的评价理念。过程性评价以开放的姿态看待每个发展中的学生，从知识本位、学科本位转向"学生本位"，让评价"人性化"。

（三）三大内涵合理设计数学说题

1.关注数学学习的过程性

关注过程，教师才能深入了解学生的学习现状，了解学生在学习中遇到的问题与困难、学生为解决问题而付出的努力，以及学生对知识的掌握程度，便于教师做出合适的指导，从而发挥过程性评价促进学生发展的功能。

2.保证说题评价的全面性

过程性评价目标多元、全面，将小学数学的核心概念全部纳入其中，这适应了数学课程标准中关于课程目标要有广泛性、丰富性和整体性的要求。

3.突出学生发展的差异性

过程性评价强调尊重学生个体差异，在交流碰撞中寻求各方都能接受的多元评价标准。多元评价，既是对学生发展现实的尊重和关怀，也是对学生终极发展的保障，在情感、态度和价值观上给予不同学生合理的接受空间，从而让学生的个性化发展成为可能。

三、以多角度记录方式促进说题过程结构化

以记录为主的数学说题过程性记录表（见表2-4）和以评价为主的数学说题自评表（见表2-5）、数学说题互评表（见表2-6）贯穿于说题始终，做到"说有

痕迹"，是在单纯的"听"的基础上的"通感"提升，便于说后反思，利于规范表达，结构化操作过程是推动结构化思维形成的必要一环。

表2-4　数学说题过程性记录

学生姓名		班级		学号		日期	
题目出处		原题内容					
过程		记录①			用时	存在问题	
关联阶段	阅读题目	□有没有自觉读题的习惯？ □有没有完整读题？					
	题型归类	□有没有进行归类？ □归类是否正确？					
	信息关联	□信息与信息间是否关联？ □关联是否正确？					
	问题关联	□信息与问题是否关联？ □关联是否正确？					
有序阶段	信息分类	□有没有对信息进行定性分类？ □分类是否合理？					
	信息筛选	□是否筛选出有效信息？ □对无效信息是否处理？					
	信息排序	□有没有结合问题将信息排序？ □排序是否正确？					
建构阶段	思路确定	□是否阐明解题思路？ □思路是否正确？					
	方法选择	□是否方法最优化？ □有没有合理策略支撑方法？					
	运算过程	□运算是否简便？ □结果是否正确？					
迁移阶段	解题总结	□题型有没有总结？ □方法有没有总结？					
	同类拓展	□是否举例拓展？ □拓展是否相关？					
	反思提醒	□有没有对以上环节进行反思？ □有没有对易错点进行提醒？					

①有或是的情况下在□内打"√"，没有或否的情况下在□内打"×"。

表 2-5　数学说题自评

姓名		班级		学号		日期	
题目出处		原题内容					
我这次说题表现较好的方面							
我这次说题存在的不足							
下次说题会做怎样的调整							
给自己打星星		☆ ☆ ☆ ☆ ☆					

表 2-6 数学说题互评

姓名		班级		学号		日期	
题目出处		原题内容					
他（她）这次说题表现较好的方面							
他（她）这次说题存在的不足							
给他（她）提建议							
给他（她）打星星		☆ ☆ ☆ ☆ ☆					
评价签名							

四、以多维度评价指标培育数学思维结构化

在过程性评价的基础上，进一步搭建多维度的目标与要求，是结构化思维层次的具体体现，使得数学说题真正实现有要求、有指标、可参照、可测评。制定

说题稿撰写要求（见表2-7），指导学生撰写说题稿，为说题做准备，同时也组织开展说题稿撰写比赛等活动。

表2-7　说题稿撰写要求

年级	说题稿撰写要求
一、二年级	1.包括审题、解题、验证、总结等环节内容 2.讲解内容表述得清晰、完整 3.根据自己的水平和语速控制好字数
三、四年级	1.包括审题、解题、验证、总结等环节内容 2.能体现方法多样化 3.能结合画图、列表等形式解决问题 4.讲解内容表述得清晰、完整 5.根据自己的水平和语速控制好字数，不宜过长或过短（控制在3分钟内说完）
五、六年级	1.包括审题、解题、验证、总结等环节内容 2.能体现方法多样化及优化，以及方法之间的相互验证 3.能结合方程、定律、画图、列表、模型等数学思想方法阐释问题、解决问题 4.讲解内容表述得清晰、完整 5.根据自己的水平和语速控制好字数，不宜过长或过短（控制在3分钟内说完）

通过过程性评价积累经验、弥补不足，同时尊重差异、激发兴趣，循序渐进地推进说题。在说题的过程性评价中，尊重学生差异，制定不同要求。在数学思维上，学生之间必然存在差异，因此，在说题要求上，不做整齐划一的要求，而是针对不同层次的学生，制定不同的要求。具体分为如下三个阶段：基础型、中间型、小老师型（如图2-12所示）。每阶段的学生经过长期不断的练习，在掌握了基本说题技巧后，可以提高对他们的要求，帮助他们迈上更高的学习台阶。

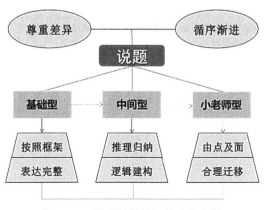

图2-12　说题过程性评价实操参照

此外，结合说题研究和教学现状，设定了说题比赛评价指标，为规范化评价提供依据（见表2-8）。

表2-8　说题比赛评价指标

评价内容	评价标准		得分	总得分
过程与结论	具备解决问题的基本过程，清晰分明、过渡自然	5		
	结论正确、合理	5		
阅读与理解	读题完整，有提取信息和问题的过程，善于关联	5		
	理解题意（如关键词、关键句等），有序阐述	10		
	表达清晰流畅	5		
分析与解答	能利用图、表、式、数相结合的方式进行分析	15		
	正确建构解题思路，列式计算并解答	10		
	正确阐述算式的意义	10		
	表达清晰流畅	5		
	有回顾与反思意识	5		
回顾与反思	能有效地回顾与反思，做到合理迁移	5		
	表达清晰流畅	5		
表达与情感	总体语言流畅、思路清晰、表达严谨，能使用规范的数学语言	5		
	能够关联相关知识，层次分明、逻辑严密、结构清楚	5		
	态度端正，积极踊跃，敢于尝试	5		
总分				
总评	该生结构化思维达到：□前结构层次 □简单结构层次 □基本结构层次 □结构化层次			

第五节　怎么进阶：指导有方

"这是一道典型的'租船问题'。根据这一题的信息和问题，我们先要考虑租哪种车辆便宜（人均价格低的），尽可能多地租便宜的车，还要考虑尽量坐满，我是这样解决的……"学生说得头头是道。正如在游泳中学会游泳，小学生也是在说题中学会了说题，他们逐渐感受到"原来，数学题说着说着就会做了""原来，数学题一说起来没有想象中那么难""原来，数学也能大声说出来"。

那么教师应该怎么支持学生说题能力的提升，进而发展学生的数学素养呢？基于结构化思维的培育使数学说题走上了正道。

一、说题1.0版：简单又碎片

学好数学的唯一路径就是埋头做题，这在很长时间内是人们对数学的刻板印象，甚至个别老师认为有的学生说起来滔滔不绝做起来东差西误，索性抹杀了学生说的机会。应试教育桎梏下的学生成为刷题机器，而所谓"会说"的孩子也只是因为他本身喜欢说，并不是擅长数学化、结构化表达。

"分段计费"说题1.0版：在教学完人教版小学数学五年级上册的解决问题"分段计费"（见下图）后，教师将学生代表对例题的说题过程拍成视频，集中观摩研讨，发现有些学生会模仿着做但不会说解题思路，只见树木不见森林，做了这一道题不会做同一类题；有些学生在说的过程中掐头去尾，既没有解题前的审题，也没有解题后的检验，只是呈现如何解答该题的一种方法；有些学生有审题和检验过程，但也只是把题读一遍，所谓检验也只是再做一遍。

9 右面是某地出租车的计价标准。李叔叔乘坐出租车行驶了6.3 km，他应付出租车费多少钱？

> **计价标准**
> 3 km 及以内 7 元；
> 超过 3 km 的部分，每千米 1.5 元
> （不足 1 km，按 1 km 计算）。

分段计费问题

学生之间的差异非常大。学生对教材呈现的解决问题三步骤"阅读与理解、分析与解答、回顾与反思"的解说不到位，充分暴露了教师教学不到位的问题。有些教学要求不是纸笔能测出来的，只能在说题过程中显现出来。教材呈现的解决问题的三个步骤不仅仅是形式上的，而是有其内在的含义和作用的，不应简单化处理、碎片化呈现。

二、说题2.0版：规范且完整

著名的匈牙利数学家波利亚（Polya）提出了解题四步骤：弄清问题（理解题目的未知和已知条件）—拟订计划（找到已知条件和未知之间的联系）—实现计划（利用找到的联系进行解题）—问题回顾（检验推理的有效性、演算的准确性）。以此为说题的路径依据，参照人教版教材的编排，将解决问题的说题框架提炼为：一说题意——审读题目，对捕捉到的关键字、词进行分析，用摘录信息或列表格等方式梳理信息和问题；二说解法——用分析法如"问题要求……必须知道……"或者综合法如"根据……可以知道……"来寻找思路和策略，选用边画边说、边摆边说、边写边说等方式呈现解题方法，鼓励方式多元、数形结合、一题多解；三说反思——验证推理过程、解题方法、解答结果，并根据题目寻找规律、建立模型。由此可见，规范的说题过程体现了对结构化思维的培养、落地。

| 3km 及以内 | 7 元 |
| 3km 以上 | 1.5 元/km（不足 1km 按 1km 计算） |

数学信息摘录

"分段计费"说题2.0版：有了框架的支撑，学生再说"分段计费"呈现出规范、完整的新面貌。"说题意"：对文、数和图不同要素传递的信息进行整合，学生用圈一圈、划一划、画一画等方式找到关键要素，使信息从碎片化走向结构化。比如用摘录的方式来理解收费标准（见左图）。在说解法时能根据收费标准分段进行计算。在说反思中能根据得到的结果完成出租车的价格表，并归纳这类题的一般方法（见下图）。

回顾与反思

你是怎样解答的？你能完成下面的出租车价格表吗？

行驶的里程 / km	1	2	3	4	5	6	7	8	9	10
出租车费/元										

出租车价格表

　　规范是创新的基础，打好基础，学生才能从说正确走向说规范、说完整，并且不只是就题论题，还能够主动归纳模型，基本实现从会说一道题走向会懂一类题。有理有据的表达让"小先生"们收获满满的自信和惊喜。

三、说题3.0版：丰富有结构

　　学生学习数学，总要面对大量的例题、习题（包括变式题、拓展题）、错题等，题海战术不可取，要实现事半功倍，让"题"发挥增值作用。学生说题，除了让学生表达出解题过程中的思考，增强学习数学的自我效能感；还能把"思维的障碍、碰壁的节点、多走的弯路"呈现出来，利于教师有针对性地进行教学引导。学习金字塔理论指出，教授给他人的知识留存率最高，而同龄人之间的语言是相通的，引导学生用丰富多样的方法有结构地说，可以达到生生共同进步的目的。

　　"分段计费"说题3.0版：一说题意，同2.0版，将信息有序整理，并与问题进行关联。二说解法，首先，能够数形结合，选用树状图、直条图、线段图等表征题意（见下图）。其次，能够做到方法多样化，可先分段再求总，也可先假设后调整。再次，能够有意识地进行图式沟通（见下页上图）。三说反思，进行图、式、表沟通，既进行了检验，又建立了分段计费模型（见下页下图）。最后，迁移应用，生活中电费、电话费等实际问题也是分段计费的，可以引导学生结合生活进行实践应用。

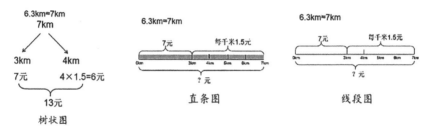

用图表征题意

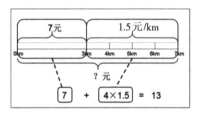

图式沟通

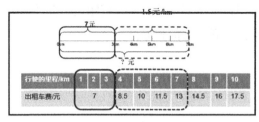

回顾与反思

语言是"人类智能的卓越范例",而数学是"思维的体操"。学生说题在教师指导下实现进阶,阐述解题策略及思维方式,进而总结出解题规律,建立模型。以学定教,对学生说题进行研究,既能助推教师改变教学方式,又有利于培养学生的审题能力、理解能力、综合运用能力、反思意识及数学语言表达能力。在说题过程中暴露学生真实思维,教师精准把握学生认知起点,实现让"题"增值的同时切实培养学生的数学核心素养。

教师说题

第一节 说什么：立足学生、教材

  教师说题是近年来常见的一种教研活动方式，是考查数学教师基本功和数学素养的重要载体。具体是指教师通过对一个数学问题的详细解说，剖析问题的背景立意和思想方法，明确解题的思路和策略，拓展问题的深度和广度，把握教、学、评的规律和趋势。教师说题侧重于哪些环节，取决于说题的对象和说题的目的，是给学生说题，还是在集体教研中给同事说题，还是参加教学活动大赛给专家评委说题，面对不同的说题对象，说题环节和侧重点有所不同。

一、把握好两对关系

（一）把握好说题与解题的关系

  说题非解题，两者之间既有区别也有联系。解题是说题的基础，不仅要会解，会一题多解、一题多变，还要知道为什么这么解。所以，教师不仅要积累扎实的专业知识和丰富的解题经验，也要有善于发现数学本质的慧眼和善于刨根问底的慧心。说题是解题的升华，其内涵更为丰富，包含了问题的背景、特征、解法、拓展、反思等多个思维过程，是教师综合素养的集中体现。因此，要想把题目的各个方面都说清楚，就要结合教育教学理论对问题进行全面、深入研究，要站在较高的视角审视问题，提高解题站位，避免习题教学中常见的套模型、套思路等机械做法和不良导向。

（二）把握教、学、研三者的关系

教师说题是一个解题、研题、说题、改题的系列活动，虽然对象也包括同行和专家，但是终端对象仍然是学生。因此，说题是教师的"教"、学生的"学"、命题（作业设计）的"研"三位一体的过程。从"学"的角度来说，要结合学生的认知特点和最近发展区，分析解题思路和思维断点，关注解题的通性、通法，及时对解法进行比较、优选、反思；从"教"的角度来说，说题要体现教师对题目本质的理解与认识，要说透问题的本质特征，在此基础上说清问题的变式拓展；从"研"的角度来说，在前两者的基础上，还要分析问题的背景和题源，厘清考查的知识点和思想方法，把握命题的规律和方向。三个视角的和谐统一，体现了数学教师所必备的关键能力和核心素养。

二、掌握好一条流程

教师说题前亦可先按流程（见图3-1）写好文案，再实践说题，这样有助于教师结构化思维的提升。

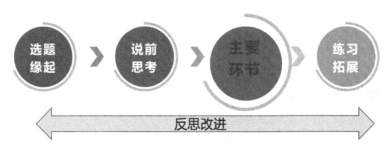

图 3-1　教师说题流程

（一）选题缘起

选题可以来自教材典型例题、配套练习、星号题、课后拓展题、省测题、区测题等。分析并阐述选择该题的意图、背景故事，或基于对学生前测的把握等。

（二）说前思考

教材分析：结合该题的教材背景对问题的类别、问题的关系形式、题目涉及的知识点及这些知识点在相应学段内的地位和作用等进行分析。

题目分析：说明本题来源及其设计思路、命题意图、评价功能等。

学情分析：说明学生在此题的知识起点和该学段学生的思维特点及学情预设。

总之，可结合此题切合的热点、学生能力或素养的考查或新课标的理念等视角进行分析。

（三）主要环节

说题的教学设计和解题分析思路，引导学生多层次理解，所以主要环节要有层次、有环节、有方法。例如，首先从生活和社会活动的角度来理解，其次从已经解决过的问题来理解，最后从数量关系的角度来理解等。引导学生用列算式、画图、列表等多种形式清晰表达解题过程，并尽可能呈现多种解法，保留解法中的重要过程，以及使用该方法的好处与条件等。

（四）练习拓展

本部分主要是关于该题的巩固练习、变式拓展是如何安排的。变式题要安排合理、前后一致、迁移有效。

（五）反思改进

分析并归纳本题解答过程中蕴含的规律、思想和方法，是否可以形成解题模型，以及该题在所涉及的知识体系中承上启下等诸多作用。另外，还包括对解题策略的总结与反思，以及该题研究成果如何推进日常教法的改进等。

总的来说，对整个流程板块（见表3-1）进行划分有助于教师更好地把握和实践。

表 3-1　教师说题板块分布

总体思路	相关指标	落脚点	解释
问题阐述	说题意	问题及出处	以教材星号题、课后拓展题、省测题、区测题等为主
		问题构成特点	问题的类别、问题的关系形式，是数量关系存在的前提，是数学思想与方法应用的条件，是迁移的载体
	说思想	蕴含的数学思想与方法	解决问题所使用的数学思想与方法，以及方法的使用条件和优点
	说基础	基础知识的理解与巩固	该问题所涉及的知识，哪些知识是新学内容等
		事实中的常识与概念	问题中涉及的、学生可能不掌握或不理解的常识与概念等
教学阐述	说思路	理解问题	1.首先从生活和社会活动的角度来理解 2.其次从已经解决过的问题来理解 3.最后从数量关系的角度来理解
		数量关系	1.数量关系分析准确 2.数量关系表达清晰、简练
		问题特点结构	1.表述方式得当，易于理解 2.特点内容总结准确清晰，解释科学
	说过程	教学解答过程	1.依据思路，引导学生用列算式、画图、列表等形式清晰表达解题过程 2.方法多样化，利于比较
	说板书	板书	1.数学化形式规范，如"解""答""数学符号"等 2.布局合理，利于学生理解数量关系，利于表达形式的示范
价值阐述	说迁移	迁移的方向	1.变式题判断合理 2.例题典型，注意前后一致性 3.生活迁移
	说价值	问题价值	问题在所涉及知识体系中发挥的承上启下、启发思维、学法指导等诸多作用

第二节　怎么说：着眼教学、指导

一、说题意

说题意，是指阐述习题的结构、内涵，主要指说清题目已知和未知之间的关系，说明题目的背景，以及说题目涉及的数学概念、定理、公式等知识点。

【问题3-1】把一个圆形纸片沿半径分成若干个相等的扇形，然后剪拼成一个近似的长方形（见下图），已知这个长方形的周长比圆的周长多20cm，求这个圆的面积。（此题来自区域某年度六年级上册期末质量调研卷填空题中的第7小题）

（一）已知与未知的关系

题目呈现了圆转化成长方形的直观模型，并已知长方形的周长比圆的周长多20cm，要求的是这个圆的面积。由于圆的半径未能直接得知，因此需要先通过已知推导出半径，再求未知。

（二）基本背景

人教版教材关于圆的面积问题，比较注重与现实生活的联系，往往结合具体情景，让学生通过题中已知圆的半径、直径、周长等条件求出相应的面积。不只是人教版，比对苏教版和北师大版教材中"圆的面积"一课的课后习题，发现除北师大版教材中零星出现了两道涉及圆面积公式推导过程的习题以外，三版教材中关于圆面积的习题设计安排整体上都侧重于熟练应用计算公式求圆的面积。长此以往，学生容易陷入"只要熟记圆的周长、面积等公式并正确计算，就能解决圆的面积问题"的误区，忽略了其本源——圆面积公式的推导过程，而本题的设计恰恰以教材中圆的面积公式推导过程为载体。

追根溯源，这种推导的方法源于著名天文学家、数学家开普勒在《酒桶的新立体几何》一书中提出的无穷分割法。他把圆看成无数个微小三角形的面积之和，这已经具有了积分学的萌芽（如图3-2所示）。

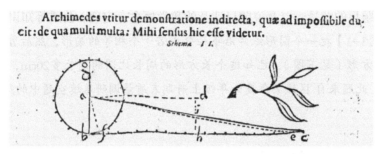

图 3-2　无穷分割法

（三）涉及知识点

通过以上的审题与分析，可知这一题涉及的知识点包括：圆和长方形的概念及各部分的名称；圆的面积公式推导过程；圆的面积计算公式。

【解读】背景的深度挖掘，促使知识点、学情的精准解密。说题意不应满足于表层地说已知条件和要解决的问题。对命题立意的研读，还需要教师结合教材，对问题背景展开深入的刨根究底，唯有达地知根方可找准问题所涉及的知识点。所谓"知彼知己，百战不殆"，对题意背景分析得越透彻，越有利于解密问题涉及的知识点及学情。

二、说思路

说思路，指说出问题解决的步骤及所用数学知识和数学思维方法，主要阐述探究解题路径的心理分析、问题解决的思维展示。

（一）思路形成路径

1.顺推逆寻，计算思维

（1）顺向综合，已知推未知

根据题意，由于本题的条件单一，因此可以从条件入手。已知"长方形的周长比圆的周长多20cm"，不免产生一个疑问：为什么周长会增加呢？带着思考仔细地观察转化模型（如图3-3所示）。

图 3-3　转化模型

　　圆的下半弧转化成长方形下边的长，上半弧转化成长方形上边的长，圆左边的半径转化成左边的宽，右边的半径转化成右边的宽。明晰了圆和长方形之间的对应关系，不难发现：圆的周长与长方形的两条长相等，周长增加的根本原因就是在转化的过程中增加了两条长方形的宽（如图3-4所示）。因此，就可以从条件得知长方形的宽。而长方形的宽又对应圆的半径，从而就可以计算出圆的面积。至此思路被成功打通。

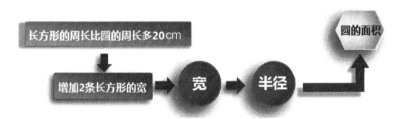

图 3-4　顺向思路

（2）逆向分析，未知寻已知

　　当然，学生可能更熟悉本题的问题，因此思考也可以从问题入手。问题是求这个圆的面积，根据以往的解题经验，求圆的面积往往需要知道圆的半径。带着目的仔细地观察转化模型（如图3-5所示）。

图 3-5　转化模型

　　圆的下半弧和上半弧分别转化成了长方形的两条长，圆的两条半径分别转化成了长方形的宽。明晰了圆和长方形之间的对应关系，不难发现：要求圆的半径其实就是求长方形的两条宽，而由于圆的周长与长方形的两条长相等，因此增加的这两条宽就是已知条件中多的那20cm（如图3-6所示）。至此，由未知寻需知，以需知探已知，也能成功形成思路。

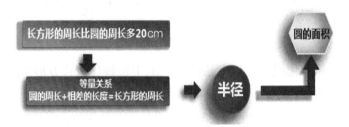

图 3-6　逆向思路

虽然思维的方向相反，但形成的思路是相同的。在解答时，可以先算出半径，再利用公式计算出圆的面积。

2.一题多解，代数思维

不局限于算术思维，该题也可以通过代数思维去思考。根据已知条件"长方形的周长比圆的周长多20cm"，我们容易找到等量关系：圆的周长＋相差的长度＝长方形的周长。而圆的周长可以用半径表示，根据转化模型可知长方形周长也与半径有关（如图3-7所示）。

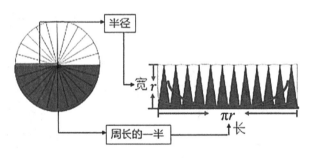

图 3-7　转化模型

圆周长的一半转化成了长方形的长，圆的半径转化成了长方形的宽。明晰了圆和长方形之间的对应关系，就不难发现：长方形的长和宽均与圆的半径有关，因此圆和长方形的周长都可以用半径表示（如图3-8所示）。厘清了这两个量就可以根据等量关系列出相应的方程，求出圆的半径，从而计算出圆的面积。

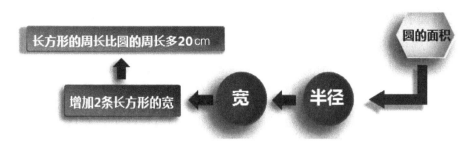

图 3-8 等量关系

根据以上分析，可以先设圆的半径为 r，根据等量关系列出方程，通过解方程算出圆的半径，最后利用公式计算出它的面积。

（二）对比优化，凸显关键点

对比计算和代数两种解题思路（如图3-9所示），可谓异中有同、同中有异（见表3-2）。

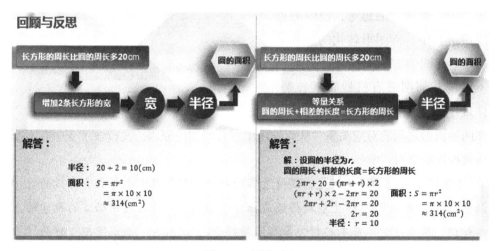

图 3-9 思路对比

表 3-2 思路对比

	思路一	思路二
相同点	需要学生明晰圆与转化后的长方形之间的对应关系，理解哪些变了哪些没变，推导出圆的半径，这也是解决该题的关键点	
不同点	解题过程较为简洁，不过思维在推理上富有较强的逻辑性和技巧性	思路形成更为容易，不过实际操作对解题者用方程解决问题的能力要求较高，解题过程也较为复杂

【解读】思路的深度探寻，促使问题的精准解析。教师说题有别于上课，说题侧重于理论阐述而不是具体操作。在说思路时，不应细说"具体怎么做"，而应重点突出如何分析、为什么要这样做，重视思路形成路径的探寻过程。同时，说思路时还需要注重思路形成路径的多样性及优化：在多样变化中，体现解题思路的发散性；在对比优化中，凸显形成解题思路的关键点。思路的深度探寻，既要"深"在思路过程的如何形成，又要"深"在思路关键点的如何凸显。

三、说思想

说思想，是指说习题蕴含的数学思想和方法。

本题把圆分成24个完全一样的扇形，再拼成一个近似长方形的直观模型，帮助学生经历一个变"有限"为"无限"的思考，极限的思想渗透其中。而图形转化的过程运用了"化圆为方"的方法，将两种不同的几何图形有机地联系起来，体现了转化的思想。与此同时，明

图 3-10　思想方法

晰两种图形之间的对应关系，从而推理出周长增加的原因，又蕴含了变中有不变以及推理的思想。

【解读】思想的深度考究，促使素养的精准"题"炼。义务教育阶段的数学课程标准明确指出："学生能获得适应社会生活和进一步发展所必需的数学的基本知识、基本技能、基本思想、基本活动经验"，课标把"基本思想"作为"四基"之一表明了数学思想在数学教学中的重要地位。因此，对于一道题而言，求解过程固然重要，但绝不能仅以解决问题为最终目标，更重要的是让解题者在解题的同时获得数学思想。数学知识是一条明线，写在教材里；而数学思想是一条暗线，一般体现在知识的形成过程中，急需教师"题"炼。

四、说变式

说变式，是指从原题的条件、结论出发或利用类比思想，在不改变问题本质结构的基础上，从数学概念和问题思考的角度进行不同的引申。

（一）基本变式

基本变式把原命题中的条件和问题进行了互换，进一步提升了解题者思维的灵活性，使解题思路融会贯通。

【问题3-2】把一个面积为12.56cm²的圆形纸片沿半径分成若干个相等的扇形，然后剪拼成一个近似的长方形，这个长方形的周长比圆的周长多（ ）cm。

（二）拓展变式

拓展变式是在不改变本质结构的基础上，把原命题中的长方形改成梯形，依然属于图形剪拼的问题类型，关键还是需要解题者明晰图形之间的对应关系，根据增加的周长推导出半径，从而计算出圆的面积。

【问题3-3】把一个圆形纸片沿半径分成若干个相等的扇形，然后剪拼成一个近似的梯形，已知这个梯形的周长比圆的周长多17.2cm，这个圆的面积是（ ）cm²。

（三）延伸变式

延伸变式把原命题中圆的面积问题改为圆柱的体积问题，是对原命题设计理念的一种延伸应用，旨在评价解题者对圆柱体积公式推导过程的理解。

【问题3-4】把一个圆柱沿半径分成若干等份，然后拼成一个近似的长方体，已知这个长方体的高为8cm，表面积比圆柱多64cm²。算一算，这个圆柱的体积是（　　）cm³。

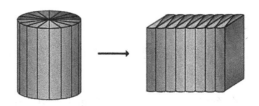

【解读】说题不仅仅是就一题说一题，而应该在说一题的基础上，借题发挥出一类有量有梯度的变式，用以突出问题的结构特征，彰显原题的本质和外延，深化对所学知识的理解和思考，总结此类问题的解题规律，从而达到举一反三、触类旁通的效果。但也不可本末倒置、偏离本题，就一题直接说一类题。

五、说价值

说价值，是指阐述本题评价的功能，说明本题对解题者形成数学技能、理解数学有何实际意义，并说清楚本题与相应教材例题的区别与联系。

（一）实践意义

本题旨在评价学生对圆面积公式推导过程的理解。解题时，解题者再次经历圆面积的推导过程，不仅加深了对推导过程的理解，又培养了解决问题的推理能力。更宝贵的是，此题也促使解题者感悟到数学学习，不仅仅是记忆或应用现成的公式、算法、结论，更需要重视它们的推导过程以及内在原理的理解，做到知其然亦知其所以然。

（二）升华价值

与教材对比，两者既有联系又有区别。联系在于，本题的设计以教材圆面积公式的推导过程为载体，是对其的一种应用；区别在于，教材是抓住转化前后面积不变的特点来推导圆的面积公式，而本题是以转化前后周长的变化作为切入点来设计问题。

【解读】小学数学教材和练习中有很多习题设计巧妙、内涵丰富，然而教师往往没有充分利用，仅仅把习题作为学生练习的素材，缺少对习题应有功能与价值的挖掘，实属可惜。作为学生学习知识的领路人，教师有义务明晰习题所学所练所讲的价值，从而避免学生盲目练习，完成任务；忙于"题海"，事倍功半。因此，如何从一个问题中挖掘出更多有利于教师教学和学生学习的价值和经验，是每个数学教师在说题准备过程中需要深入思考的问题。

总而言之，对小学数学教师说题的研究，主要可以围绕"深度""精度"两个维度，着眼于如何教学和指导，从说题意、说思路、说思想、说变式、说价值等方面展开阐述。

第三节　怎么评：强调教学评一致

一、量化教师说题

教师说题类似于说课的教育教研展示和讨论活动，是说课的延续和创新，是一种深层次思考后的展示。对教师说题进行评价，一般从题目分析、学情分析、思路解法、指导策略、拓展变式、收获反思等方面展开，具体包括以下要素分析。

（一）说题目

说题目主要分析题目背景、知识背景、方法背景、思想背景，即题目的出处、内容呈现的数学知识本质、涉及知识点与教材体系的内在联系，该题在教学中体现出的学生最近发展情况。讲清题目所给出的信息：已知条件（包括隐含条件）、求解的难点及其成因、突破难点的策略等。

（二）说思想

说思想是指说解题过程中涉及的基本数学思想方法，如转化的思想、对应的思想、数形结合的思想、假设思想、分类思想、代换思想等。

（三）说学情分析

说学情分析是指根据要求分析学生的相关知识状况、能力状况以及学习态度等非智力因素情况，说如何根据学生的具体情况，确定学生的学习方法，说学生需要哪些知识上的准备（预习），说为了帮助学生巩固所学的知识应安排何种配套练习等。

（四）说解题策略

说解题策略是指说明题目类型属于哪一种、学生是否熟悉、已知条件（包括隐含条件）有哪些及其待求结论又是什么等，尤其要说明解题的难点、程度和成因，以及突破难点的策略，特别要注意挖掘题目中的隐含条件。就题论题进行思路分析、解题操作、一题多解等。

（五）说反思拓展

说反思拓展是指结合学情，正确把握学生现有发展区，根据题目的发散点拓展迁移，利用一般特殊化的方法，或利用类比等思想，通过对题目的条件或问题进行变换，对题目进行变式、推广与拓展等。

综上，根据上面的要素制成评分表（见表3-3）。

表3-3 小学数学教师说题比赛评分标准

参赛者姓名：

项目	评分要点	分值	得分
题目分析	分析题目背景、知识背景、方法背景、思想背景等	10分	
学情分析	根据要求分析学生的相关知识状况、能力状况以及学习态度等非智力因素情况，说如何根据学生的具体情况，确定学生的学习方法	10分	

续表

项目	评分要点	分值	得分
思路解法	说解题思路分析 说形成解题思路的关键点如何突破 说涉及的数学思想和方法 说主要的思维过程	10分	
指导策略	说指导学生的策略，主次分明，重点突出，层次清晰	40分	
拓展变式	说本题的变式，即不改变本质结构 说本题的探究，即是否能形成一个类别，或改变条件，使问题有本质的改变	10分	
回顾反思	说本题的评价功能，对解题者形成数学技能、理解数学有何实践意义 说本题与相应教材例题的联系与区别	10分	
其他	内容规范，如有板书，布局合理，利于学生理解内在逻辑 表达准确、富有条理，无逻辑性错误 体现数学思维过程，有独特见解	10分	
总分		100分	

二、课堂检验说题效果

　　不同的教师就同一道题有不同的说题思路（同题异构），因此根据实际教学中学生后测数据反馈教学效果，可以促进一线教师在日常教学中不断思考，改进教学方法，提高教学质量。

　　下面是来自五年级学生作业中的一道求组合图形表面积的题，学生错误率达50%以上，任课教师们通过集体讨论分析学生出错原因。先由两位教师各自阐述说题思路，再在课堂上展示检验说题思路的实际效果。

▶ 说题思路—进课堂

◎ 形象引入，铺垫方法

　　师：同学们，瞧！这两个字（"凹""凸"）你们都认识吗？

　　师：看来这一点儿都难不倒大家，可今天老师是来上数学课的，在我眼中，它们代表着两个不同的组合图形（多媒体演示从汉字到图形的变化过程）。你们能比较它们的周长吗？

　　师：这是我们以前学过的"平移法"，通过平移"边"，与相应的长方形比较，可以更清晰地看出边的长短和数量，从而计算图形的周长。

【解读】通过多媒体演示从汉字到图形的抽象变化，吸引学生的注意力，自然地引出周长的比较。此环节的目的在于让学生回忆如何通过平移法（平移线）比较周长大小，为学习计算组合图形表面积用到的方法之一——平移法做铺垫。

◎ **探究方法，建构模型**

师：仔细看，如果这个"凹"字形平面图形变厚了，会是什么样子？

生：会变成立体图形。（多媒体同步演示"凹"字从平面图形到立体图形的动态变化过程）

1.平移法求表面积

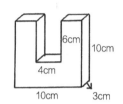

师：你能不能用我们学过的方法，求这个组合图形的表面积？

学生两人一组，借助手中的"凹"字立体模型（见左图），通过摸一摸、比一比、说一说等方法进行自主尝试。

【解读】"面""体"转化，发展学生空间想象能力，体会极限的数学思维方法。此环节意在用平移法解决表面积问题，有了前面的铺垫，这里会有学生想到用平移法（平移面），弄清面的大小和数量，计算表面积。

学生反馈后进行小结，整理用平移法求表面积的步骤：

①想象建构数据相应的完整长方体；

②将"凹"字图与长方体相比，明确多了哪些面，少了哪些面；

③计算"凹"字图表面积。

师：请大家比较一下，刚刚求平面图形的周长，和现在求立体图形的表面积，方法上有什么相同点和不同点？

相同点：都用了平移法。

不同点：求平面图形的周长是平移边（线），求立体图形的表面积是平移面。

师：看来平移法的用途很广泛呢！

【解读】借助实物模型，学生通过摸一摸、比一比、说一说，明确面的变化。此环节化抽象为直观，便于学生理解，通过比较平面图形求周长和立体图形求表面积用到的平移法，加深对平移法的理解。

【巩固练习】找一找，说一说，相比于原来的长方体，下面的组合图形增减的面。

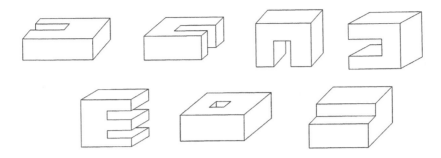

【解读】从一般到特殊，强化训练学生用平移法求表面积的技能，虽不要求学生具体计算表面积，但是已经能够达到理想的效果，建立起了此类问题的模型。最后一个图形是"凸"字形的，也可以用平移法来解决，说明无论是"凹"字形，还是"凸"字形，平移法在求立体图形表面积时都是适用的。

师：相信同学们已经掌握了平移面求组合图形表面积的方法，接下来老师要请同学们继续仔细观察，你能看明白，我打算如何用新的方法求表面积吗？

2.转化法求表面积

教师演示将凹形立体图的上下左右面展开，让学生边观察边思考：

①将立体图形的面分成了几部分来求表面积？（分成了两部分，上下左右面加前后面）

②"凹"字图的上下左右面展开，围成的图形面积如何计算？（围成了长方形，计算方法是：长×宽）

③展开图（长方形）的长相当于什么？宽相当于什么？拿出模型摸一摸，用笔在纸上画一画。（长相当于前面图形周长，宽相当于立体图形的宽）

学生先独立计算表面积，再全班共同列式，教师书写，校对。

师：这种将组合图形的上下左右面展开，转化为长方形来求面积的方法，我们可以称之为"转化法"。

【解读】介绍转化法求表面积为学生提供了学习的新思路，从一开始的平面图形"凹"到立体图形"凹"，最后又回到了最初的平面图形"凹"，其实"凸"字也是如此，转化法也适用于"凹""凸"两种立体图形。

◎　总结提升，灵活应用

【教师小结】我们用平移法和转化法计算了组合图形的表面积，大家做类似的题时要会随机应变，可以选择你最拿手的方法来解答。

▶ 说题思路二进课堂

◎ 复习引入

师：瞧，这是我们熟悉的长方体和正方体，在第三单元，我们学习了它们表面积和体积的计算方法，现在谁来说一说？

师：然而在练习中，我们遇到的往往是组合图形，对于组合图形，你认为表面积和体积，哪个更难计算？

师：表面积难度大，求表面积，就要弄清楚图形各个"面"的情况，接下来，老师想请同学们一起来探究一下某一类组合图形表面积的计算方法。

【解读】开门见山，直接导入，让学生明确，这节课我们通过面来研究组合图形表面积的计算方法。

◎ 探究新知

1.分类讨论打通和不打通两种情况下面的数量变化

（1）顶点处切去小正方体

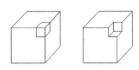

师：现在有一个正方体，如果要在顶点处切去一个小正方体，你能想象出切割后的样子吗？（停顿，课件演示）和你们想的一样吗？

师：在这个过程中，图形的面发生了什么变化？

师：原来是减少了前、上、右3个面呀！哪些面是新出现的呢？（用课件演示）

生：有后、下、左3个面，前后、上下、左右，两两抵消，最后，面的数量不增也不减。

【解读】通过第一种情况的探究，让学生明确，接下来也会用这样的模式来研究面的变化。

（2）棱中切去小正方体

师：看来这个还难不倒你们。那么如果在棱中间切去一个小正方体，又会怎样呢？先想象一下（停顿，课件演示），能说说你的发现吗？

生：减少了前、上2个面，增加了后、下、左、右4个面。前后、上下抵消，其实增加了左、右2个面。

（3）面中切去小正方体

师：猜猜接下来还能在哪里切去小正方体？（面中间）会是什么样的情况呢？（根据学生回答，用课件演示）

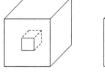

生：减少了前面1个面，增加了后、上、下、左、右5个面。前后抵消，其实增加了上、下、左、右4个面。

师：同学们，刚刚我们分别研究了在顶点、棱中、面中切去小正方体后关于面的增减问题，如果切去的是一个小长方体，情况会变吗？（不会）如果现在用小长方体打通呢？（会变）你们打算从哪几个位置来研究呢？（顶点、棱中、面中）你们能想象出这些情况吗？

【解读】有了前面对在顶点、棱中、面中处切去小正方体三种情况的讨论，学生不难得出打通情况也分这三种位置，自然过渡到接下来的环节。

（4）顶点处切去小长方体（打通）

师：如果顶点处切去小长方体，将图形打通会是怎样的呢？（课件演示）

生：减少了前、上、下、右4个面，增加了后、左2个面，前后、左右抵消，其实增加了上、下2个面。

（5）棱中切去小长方体（打通）

师：棱中切去小长方体打通会怎样呢？（课件演示）

生：减少了前、上、下3个面，增加了后、左、右3个面，前后抵消，其实减少了上、下2个面，增加了左、右2个面。

（6）面中切去小长方体（打通）

师：面中切去小长方体打通是怎样的呢？（课件演示）

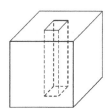

生：减少了上、下2个面，增加了前、后、左、右4个面，没有能抵消的面。

2.分析比较面的增减，总结表面积的计算方法

（课件出示6种情况）

师：刚刚我们通过面的增减研究了一类从大正方体中切去小正方体或小长方

体的组合图形，把大正方体换成大长方体，情况会变吗？（不会）面的增减取决于切割的位置以及是否打通。弄清楚面的增减后，同学们打算怎么计算它们的表面积呢？（课件演示：现在图形的表面积＝原来图形的表面积－减少的面积＋增加的面积）

师：仔细观察，增加的面都在什么位置？（被遮挡的位置）减少的面呢？（缺失的位置）

【解读】归纳总结，再次明确，研究组合图形的表面积，只要弄清相比于切割之前的长方体，面的变化，增加遮挡面，减少缺失面，高度概括了解决此类问题的方法。

◎ 巩固练习

师：你能用这样的方法求下面图形的表面积吗？

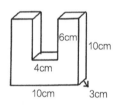

跟进分析 循证改进

说题思路一从"面"到"体"，以平移法求平面图形的周长复习导入，在回忆方法的同时，为后面平移法求立体图形的表面积做铺垫，深入剖析平移法在周长、表面积计算中的异同之处，实现了方法的提炼，也体现了从"平移线"到"平移面"的转变，此过程中渗透了极限的数学思想方法。教师在介绍第二种方法——转化法求立体图形的表面积时，又从"体"回到"面"，将面积的求法转化为周长的求法，从"面"到"线"，让学生充分体会转化的数学思想方法。虽然只重点介绍了"凹"字形组合图形表面积的两种计算方法，但是对"凸"字形也完全适用，为学生提供了两种思路，拓展了视野。案例一使用实物模型，让学生触摸体验，大大降低了难度，操作性强。

说题思路二则借助多媒体，给学生带来了视觉上的直观体验。该思路分两条路径研究了组合图形的表面积：路径一分打通和不打通；路径二是细分切割位置，分顶点处、棱中、面中，从"点"到"线"再到"面"。此过程中，让学生充分体验分类讨论的数学思想方法。教学中先建立解决组合图形表面积的模型，再展开相应的练习。

这两种说题思路都体现了建模的数学思想方法，归纳组合图形表面积计算方法，关键点是抓住面的变化，就相当于抓住了表面积问题的"命脉"。两种思路体现了教师的不同智慧。从反馈的后测数据来看（见表3-4），两节课都大大提高了学生解答此类题目的水平。这是一次对同题异构的初探，运用学生后测数据来进行评价的实证研究，证明了用课堂来检验的说题活动很有实际意义。

表3-4　"说题"教学当堂作业反馈

学生班级	课例（题目）	所用策略	学生人数	后测题目	错误率	错误原因	分析反馈
505班	求组合图形的表面积 	借助实物模型介绍平移法和转化法两种方法，求表面积	20人	求组合图形的表面积 	完全正确（思路和计算）：55% 思路正确：20% 完全错误：25%	个别学生计算出错，还有一部分学生找错面（长方形），少数学生没有掌握解题的关键	两个课例展示的后测数据比较接近，大部分学生已经学会此类题目的解答方法，列式正确，还有一部分学生后续还需继续跟进
		借助多媒体演示，从是否打通和切割位置进行分类讨论，介绍求表面积的方法	20人		完全正确（思路和计算）：50% 思路正确：20% 完全错误：30%		

中 篇

学生说题案例

数形结合 "述" 显思维

一年级上册"推迟问题"

▷ **选题缘由**

本题选自人教版小学数学教材一年级上册第六单元"11 ~ 20各数的认识"的课后练习，即第80页练习十八第5题。

推迟后，运动会星期几开？

本题是在一年级学生学习了"排队问题"以后安排的一道练习题。教材例6讲的是排队问题中关于"谁与谁之间有几个"的问题，本题则是排队问题中的推迟问题，通过画一画、数一数，都能清楚分析问题并解决问题。通过画图，不难发现排队问题中的"之间问题"和五年级上册植树问题中的"两端都不种"类似，"推迟问题"则与植树问题中的"一端种树"类似，可以说低年级的排队问题是高年级植树问题的雏形。

选择说这道题有何意义呢？首先，学生在解决这道题时出错率比较高，经分析，主要存在两个问题：第一，说运动会在星期五召开的，问题出在漏算了星期一，不能理解星期一不开就已经推迟了1天；第二，说运动会在星期四召开的，答案正确但思路不正确，问题在于搞混了基数与序数的概念，即将推迟3天再开理解成推迟到第3天再开。追本溯源，这道题意在考查学生对加法意义的理解，区分基数与序数，要感知到3天是表示一个时间段，而不是时刻。同时在分析问题的过程中培养学生的画图能力、观察能力、分析能力和推理能力。

▶ **前期准备**

在本题的说题前期，可以引导学生从以下几个方面做好准备工作：

（1）初拟说题稿思路：先让个别学生说说本题解题方法，针对不同答案进行辨析讨论，从中发现学生说题思路中存在的问题，进行思路上的引导。

（2）说题重点难点指导：首先，要运用画示意图的方式来帮助分析题目；其次，正确理解推迟1天在图中的意思；最后，根据画图直观数数，发现计算的方法。

（3）思路梳理，方法迁移：阅读与理解需要通读与精读，理解"推迟"就是延后的意思；分析与解答需要借助画图理解推迟1天是从当天开始算起，通过图形结合列出算式，理解算理；回顾与反思不仅需要回顾题意，还需要用倒推法来验证结果的正确性；列举同类题目，从一道题想到一类题的解法，进行方法的迁移与应用。

（4）学生试讲，同伴评价：理清说题思路后，先在班级中展示第一次说题，通过生生之间的交流获得肯定和一些建议。

▶ **说题实录**

◎ **阅读与理解**

我们先来读题：今天有雨，原定今天开的运动会推迟3天再开。推迟后，运动会星期几开？别忘了图中还有一个信息，日历告诉我们"今天"是11月7日，星期一。我们来看，这道题中说的关键词是"今天"下雨，"今天"开运动会，那今天是星期几呢？从图中我们知道是星期一，是11月7日，然后题目中还说要"推迟3天"，推迟的意思就是要往后延，问题问的是推迟后运动会是星期几开。问题问的是星期几，和日历上的几月几日没有关系。

◎ **分析与解答**

接下来我们就把有用的信息呈现出来，"今天"是星期一，可以用一个圆表示今天，再在圆的上方标一个"一"表示星期一。题中说下雨推迟3天再开，有些小朋友想不明白了，推迟3天包不包含"今天"呢？让我来用画图的方式讲给你们听吧。如果星期一天气很好如期开运动会，那么我们有没有推迟呢？显然没有推迟，在数学中"没有"就用0表示，在星期一下面写"0"，也就是没有推迟的意思。那到星期二再开呢？我们可以这么想：星期一啥也没做，这一天就浪费了，到星期二再开就整整浪费了1天，而这一天是指星期一，所以推迟要从星期一这天开始算起，你们明白了吗？那么到星期二再开，就已经推迟1天了。同样，到星期三再开，那么星期二这一天也被浪费了。从星期一延迟到星期三再开就一共推迟了2天。题目中要推迟3天，那就继续画，到星期四再开，星期三这一天又算1天，这样从星期一开始数，到星期四再开就已经推迟了3天，所以在星期四上打钩。现在我们再回过头来看看题目，它说今天星期一，推迟3天再开，也就是从今天开始往后数3天，我们可以数一数看看，到星期四开就刚好推迟3天。通过画图我们发现，推迟3天，只要在星期一上加3就可以了，也就是星期四。那你知道算式中的"1"表示什么意思吗？没错，是星期一的"1"，"3"呢？是3天，为什么用加法呢？因为题目中说下雨要推迟，推迟就是把日子往后数，就是变多，用加法，所以最后算出来是星期四再开。

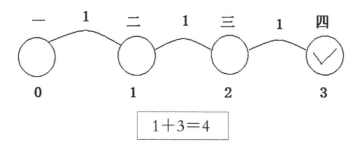

◎ 回顾与反思

那么，我们做对了吗？我们先重读一下题目的关键词：今天星期一，推迟3天再开。我们可以来验证一下，从星期四倒推到星期三再开，就是经过了1天，再到星期二开，又经过了1天，再到星期一开，又经过了1天，合起来就是3天，和题目里说的3天是符合的，所以我们用画图或用计算的方法都是对的，星期四再开是正确的。

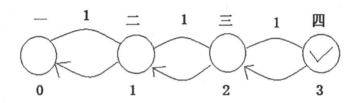

这道题就是我们学过的排队问题中的其中一种情况。其实像这样的题目之前我们也遇到过：今天是星期四，妈妈再过5天就可以出差回来了，那么妈妈回来那天是星期几？我们同样可以用画图的方法来数一数，也可以用计算的方法来计算4+5=9，但是一星期只有7天，所以还要9-7=2，所以是下个星期二。

以后遇到这类题时，我们可以用画图的方法来帮助分析题目，然后在图中数一数就可以解决问题了；也可以用加法来解决，把两部分的时间相加，如果超过7天，减去7就对了。

▶ 说题评价

◎ 自我评价

通过说题，我的语言表达能力变强了，而且我还更加深入地了解了这道题目，我不仅知道了怎么做这道题，而且知道了为什么要这么做，以后碰到了类似的题又该怎么做。我感觉说完一道题，就相当于做了好多道题。另外，通过说题帮助别人学会解题，也给我带来了巨大的成就感！

◎ 同学评价

听了她的说题，我明白了推迟3天原来是从今天开始算起，我自己做的时候虽然答案跟她一样，但是从星期二开始数的，通过她的画图讲解，我明白自己错在哪里了。她读题做记号的习惯是我要学习的地方，她能在做完题目后又去重新读题目也是我缺少的习惯。最后她还会通过列举相同的题型来检查是不是已经完全掌握这个数学知识点，并做了总结，更是了不起。她在说题过程中的思路非常清晰，我得好好向她学习！

◎　**教师评价**

作为一名一年级上的学生，能大胆、自信且流利地进行说题是相当优秀的。从读题开始，她不仅有通读题目的能力，还有标注关键词的精读好习惯。最值得欣赏的是，她在分析问题的过程中，能借助画示意图来理解题意，通过看着图数数可以让听的人更好地理解，最后在图中发现计算的方法，与加法的意义联系在一起。在回顾与反思中，她不仅有重读题目的习惯和检验的思想，检验中还用到了倒推的方法，从结果倒推出条件，证明了结果的正确性，这种推理能力是我们学数学最重要的能力。说完一道题，最后还进行了同类题目的类推和比较，可见建模思想已经在她心中萌芽！说题确实能提升学生学习数学的思维品质。

▶　**解读点评**

说题为学生提供了将零星的想法归纳成语言并表达出来的机会，加上有效的说题评价的指引，可以促进学生积极思考，逐步形成思想方法。面对一道易错题时，最重要的是究其原因，听学生说思路，才能知道到底哪个节点上出现了困难或者错误，以便对症下药，找方法帮他们"搭桥过河"，而教师站在学生的视角也能更清楚地发现自己上课时的欠缺。在说题过程中，要清楚孩子的语言表达能力并非成人，往往能听得懂，但不一定说得清楚，他们的语言表达能力还不完善。若不经过反复练习是讲不顺畅一道完整的题目的，而教师的说题语言也并非完全适合学生的语言方式，需要站在学生的角度去指导说题。录完视频后开展全班的视频说题分享与评价，让生生之间的评价发挥最大作用，因为同学之间的语言才是最相通的。根据学生的评价，教师从中获取灵感帮助孩子进行说题稿的修改和完善，这是说题前期工作中做得比较到位的地方。在最后的回顾与反思中，学生能通过倒推的方法借助画的示意图进行数数验证，已形成一定的推理能力，并且最后能从一道题目类推到一类题目，初步建立了模型思想，是相当不错的做法。

"说"中学习 "思"中成长

一年级下册"间隔问题"

▷ 选题缘由

本题选自人教版小学数学教材一年级下册第二单元"20以内的退位减法"的课后练习，即第12页练习二中的思考题。

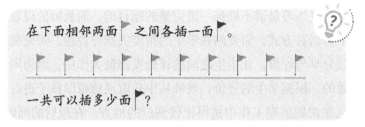

《义务教育数学课程标准（2022年版）》指出，模型意识的建立是体会理解数学与数学应用的基本途径。"间隔"是一种规律，表现这种规律最好的形式是数学模型。"间隔"在我们的生活中随处可见，几乎每个学生都接触过，但一般不会关注和研究。从低年级开始接触的"排队长度问题""插旗问题""锯木头问题""爬楼问题""敲钟问题""植树问题"等都属于"间隔"问题的范畴。直到三年级上册教材呈现的"间隔排列"教学内容，才具体研究了这部分知识。学生表示"间隔"的规律，最适合采用语言描述、画图、列式等多种形式来呈现，但在实际教学中往往是教师讲一题学生会一题，在遇到此类问题时依旧无从下手。通过对"间隔"问题的说题，有助于学生切身体验"建模"的过程，找到有效的方法，初步形成建模意识，能够尝试利用模型去解决问题。

▶ **前期准备**

在本题的说题前期，可以引导学生从以下几个方面做好准备工作：

（1）学具准备：10面黄色小旗。

（2）重难点指导：在本次说题中，学生基于之前的经验普遍掌握了画一画的方法并能够用自己的语言清楚表达，通过引导让学生发现"间隔"问题中的规律，每相邻两个物体之间有一个间隔，通过多次发问，引导学生总结出"在一行物体中，间隔数比物体总数少1"的规律，从而形成自己的想法并流畅地表达出来。同时，也鼓励学生多去尝试其他方法。

（3）学会方法迁移：本次说题的时间为两周，由学生先说，通过学生的初始思路发现存在的问题，并通过适时的引导、鼓励学生运用多种方法尝试一题多解。先组内试讲，推选出讲得最好的学生作为代表参加班内比赛，组内其他成员协助。在这样的比赛形式下，不仅人人参与，也促进了组员间的交流。

▶ **说题实录**

◎ **阅读与理解**

我们先来读一读题目吧！通过读题知道了有10面黄色小旗，我们要在相邻两面黄色小旗之间各插一面红色小旗，要解答的问题是：一共可以插多少面红色小旗？

◎ **分析与解答**

"在相邻两面黄色小旗之间各插一面红色小旗"是什么意思呢？相邻两面黄色小旗之间有一个间隔，一个间隔可以插进一面红色的小旗，问"一共可以插进多少面红色小旗"实际上就是求10面黄色小旗之间有几个间隔。解决这个问题可以采用以下三种方法。

1.画图

10面黄色的小旗，题目中已经画出来了，现在我们只需要在黄色小旗的间隔处画上红色的小旗。我用红圆圈来表示红色小旗，一个间隔画一个红圆圈，我们来数一数，一共画了9个红色的圆圈，所以一共可以插9面红色小旗。

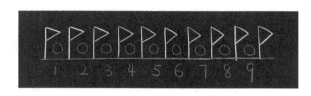

2.列式

我们来找一找间隔数和黄色小旗之间的关系。2面黄色小旗之间有1个间隔，3面黄色小旗之间有2个间隔，4面黄色小旗之间有3个间隔，可见间隔数总是比黄色小旗的面数少1。那么10面黄色小旗之间有几个间隔呀？让我们来算一算吧！ 10－1＝9（个）。

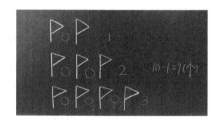

3.手指法

10面黄色的小旗跟我们身体的哪个部位的数量是一样的呢？对了，是手指！相邻两根手指之间也有一个间隔，所以我们10根手指就可以表示10面黄色的小旗，然后在间隔里写上数字看看，我们写了9个数字，就表示有9个间隔，所以一共可以插9面红色的小旗。

◎　回顾与反思

通过以上三种方法，均能得出10面黄色小旗之间可以插9面红色小旗，答案一致，所以一共可以插9面红色小旗是正确的。那么，如果有20面黄色小旗，又可以插几面红色小旗呢？如果有100面黄色小旗，又可以插几面红色小旗呢？通过解决这个问题可以总结出一些方法：像这样求间隔数的问题可以通过画图的方法来解决，不过当数量很大的时候就要通过发现规律来总结规律，最后应用规律。不管用哪种方法，都要先仔细读题，找出题中的关键信息，然后认真分析题目中的数量关系，完整解答问题，最后进行检验。

▶ **说题评价**

◎　自我评价

记得以前老师帮我录制视频，我非常害羞，总是说得断断续续，往往一录就是好长时间。慢慢地，我喜欢上了说题，面对同学也不紧张了，自己的表达能力也有了很大的提升，做题时会想着用不同方法去解决，还会向同学们提问，这些都是我的进步！

◎　教师评价

数学是思维的体操，语言是思维的外壳，通过此次说题，学生得以切身实践了"思维与语言"的密切关系，突破了课堂的束缚，不仅展现了知识的掌握程度，更将知识内化为能力，充分展示了自身的数学核心素养。

唐同学在"说题"过程中就像一位专业的小老师，边板演边说，有理有据。他表达流畅，方式多样，除了大家都想出的画图方法，还通过找规律用列式的方法解决问题。画图的方法多适用于小旗比较少的情况，而列式适用的范围更广。手指法的讲解更是老师没有想到的，孩子们竟可以把数学与生活联系得这么紧密，非常值得称赞！在说题过程中，我们更看到了唐同学的坚持，最初给出这道题目的时候老师提了两个要求：一是想出更多的方法；二是能让其他同学听懂。唐同学通过多次练习，做到了把自己的知识分享给他人。作为老师，我们也不禁反思：我们要多放手把课堂交给孩子，孩子们练得多了，表达就会越来越流畅，儿童的语言也更容易让彼此接受、理解，他们会让我们看到不一样的精彩。

唐同学的说题经历了敢说—会说—爱说的过程。最初班级说题选拔的时候，唐同学敢于在全班同学面前表现自己；在说题过程中，老师引导要用"说题意—说思路—说方法—说答案—说反思"这五步，唐同学变得"会说"；在说完题之后，老师及时地表扬，班级同学热烈的掌声让他变得"爱说"，也让其他同学开始"敢说"，班级的学习氛围也变得越来越好。

▶ 解读点评

"说题"的目的，是引导学生"想说""敢说""会说""巧说"，"说"以致用，有效矫正、训练思维，最终提升学生的表达能力、梳理与探究能力、自我监控能力等数学综合素养。

◎ 规范说题步骤

在说题之前，教师要规范"说题"步骤。在最初布置任务的时候，教师只提了两个要求：一是想出更多的方法；二是能让其他同学听懂。这导致部分学生在讲解的过程中忽视了说题意，直接从说思路开始，使得一些听题的学生没有形成一个说题的大体步骤。因此，在说题之前教师需要明确说题流程，帮学生理清思路。

◎ 优化说题形式

在说题时，要引导学生学会方法迁移，优化"说题"形式，说一道题会一类题，多种方式并行，力争使学生可以从多角度思考问题。一般情况下，学生只想到用画图的方法，这时需要教师引导、鼓励，学生才愿意去想更多的方法，也就是在这个过程中才开始真正感受到数学知识的变通性。

◎ 开展多元评价

在说题结束时评价应当更具全面性。学生说题之后，教师应鼓励其他学生做出客观的评价，虽然一般都是"我听懂了！""讲得很清楚！""真棒！"等简单的评价语，但这些确实是孩子内心真真切切的感受。学生的评价也需要教师示范、引导，所以在说题评价时要遵循自评—他评—师评的步骤。在自评中反思自我，力争下次说得更完善，在他评和师评中感受到成功的喜悦并突破自我。

通过说题，力求让学生对知识的理解更加深刻，对学科的认知更加透彻，能够站在更高更广的视角看待问题、解决问题，同时，在完善知识建构的过程中形成更科学的思维方式，促进思维提升。

策略多样　说出精彩

二年级上册"租车问题"

▶ **选题缘由**

这道题选自人教版小学数学教材二年级上册第六单元"表内乘法（二）"例题，即第84页例题5，这是"数与代数"领域的问题。

5 一种客车的座位示意图如下，二（1）班准备租这种车去参观科技馆。2名老师和30名学生，坐得下吗？

本道题既给出了文字信息，又提供了图片信息，学生需要从文字和图片中提取关键信息，从而理解题目的意思。由此可见，本题对培养学生理解题意的能力有一定的促进作用。

（1）从知识内容角度看，这道题意在使学生通过分析题意找到数量关系，求出老师和学生的总人数，以及客车座位数。在解答的过程中，需要学生灵活运用已学的加法、减法、乘法运算，培养学生解决实际问题的能力，体会解决问题的一般过程。

（2）从解决策略角度看，可以先用乘法求出几个相同部分的和，再加上不同的数；也可以假设每份都相同，再减去或加上所差部分。让学生深刻地体会到，从不同的角度进行观察和思考，解决问题的方法和策略就会不一样，由此拓展学生的思维，掌握多样化的解决策略，培养学生灵活解决问题的能力，积累相关的经验，为之后的学习打下基础。

▶ 前期准备

◎ 分享与交流

为了使活动有序开展，首先，组织全班学生对这道题进行思考和交流，引导他们先阅读并理解题意，再分析数量关系进行解答。在解答过程中，大部分学生只用一种方法来求座位数，通过不断追问学生"还有不同的想法吗？"，鼓励他们思考。由于不同的学生，观察的角度不一样，运用的方法也各不相同，因此请学生来分享他们的想法，在交流展示中让思维发生碰撞，从中感悟解决策略的多样化。

◎ 梳理与表达

举办"班级说题大赛"，鼓励学生将所学知识进行系统梳理，形成清晰明确的解题思路，并尝试用完整、清晰的语言表达自己思考的过程，培养学生的数学表达能力。同时，引导学生积累解决问题的方法，能迁移运用至其他问题的解答上。

▶ 说题实录

◎ 阅读与理解

我们一起来看一看题目：一种客车的座位示意图如下，二（1）班准备租这种车去参观科技馆。2名老师和30名学生，坐得下吗？

从题目中我们知道：有2名老师和30名学生，还知道了客车的座位示意图，要解答的问题是"2名老师和30名学生，坐得下吗？"

◎　**分析与解答**

为了解答这个问题，我们需要先求出总人数和座位的数量，然后将它们进行比较。先求总人数，老师的人数和学生的人数加起来就是总人数。因为题目中说有2名老师和30名学生，所以总人数一共有32名，列式为2＋30＝32（名）。再求客车的座位数，有很多种方法。

第一种方法：可以横着观察，先不看中间的过道，每行有8个座位，共有这样的4行，就是求4个8是多少，可以用乘法算式4×8来表示，再加上过道上的1个座位，所以一共有33个座位，用算式4×8＋1＝33（个）来解答。

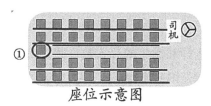

座位示意图

总人数：2＋30＝32（名）
座位数：①4×8＋1＝33（个）

第二种方法：可以竖着观察，先不看最后一列，前面7列，每列有4个座位，也就是求7个4是多少，可以用乘法算式7×4来表示，再加上最后一列的5个座位，可以求出一共有33个座位，列式为：

②7×4＋5＝33（个）

第三种方法：可以这样思考，先不考虑最后一列的5个座位，将客车座位分成左右两部分，客车的左边，每行有7个座位，有这样的2行，也就是2个7，那么左边的座位数就是14个，可以用乘法算式2×7＝14（个）来表示；再看客车的右边，同样也是每行7个座位，有这样的2行，因此座位的数量也是14个；再加上最后一列的5个座位，就是全部的座位数量。列式为：2×7＝14（个），14＋14＋5＝33（个）。

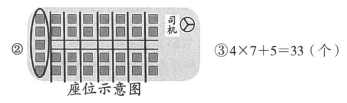

座位示意图

③4×7＋5＝33（个）

第四种方法：同样还是把客车座位分成左右两部分，先不看最后一列，客车左边每列有2个座位，有这样的7列，就是求7个2是多少，列式为7×2＝14（个）；客车右边的座位数和左边一样，也是14个；再加上最后一列的5个座位，也就是所有的座位数，列式为7×2＝14（个），14＋14＋5＝33（个）。

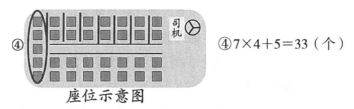

④ ④7×4+5=33（个）

座位示意图

观察的角度不同，思考的方法不一样，解答问题的方法也就不一样。虽然方法多种多样，但是每种方法求出的客车座位数却是相同的，都是33个。所以，总人数是32名，座位数是33个，33＞32，因此坐得下。

◎ 回顾与反思

解答正确吗？我们需要进行检验：老师和学生的总人数一共是32名，多种方法求出的客车座位数都是33个，33＞32，因此坐得下。答：2名老师和30名学生坐这种客车，坐得下。

▶ 说题评价

通过以下三种方式对学生的说题结果进行评价，即自我评价、同学评价、教师评价。

◎ 自我评价

我觉得我的语言表达很流畅，解题的思路也很清晰，在求客车座位数时我想到了可以从不同的角度进行观察，所以想到了很多种不同的方法来解答。不管用什么方法，只要找到其中每份数量都相同的部分，用乘法表示，再加上数量不相同的那部分，就可以了。

◎ 同学评价

这位同学清楚地展示了她的想法，思路非常清晰，我马上就听懂了。此外，她还想到了用多种方法来求座位数，有些方法是我没有想到的，原来，对于同一件事，观察的角度可以这么多！

◎　**教师评价**

该生的表达能力非常不错，能够完整、清晰地表达自己的想法，思考问题条理清晰、逻辑严密，能够将题目中所蕴含的数学知识提炼出来，做到了用数学的眼光来观察现实世界，以及用数学的语言来描述现实世界。同时，该生还从多个角度对数学问题进行了思考和解答，能够找到"几个几"，说明该生对乘法的意义已经有比较深刻的理解了，能够灵活运用乘法来解决实际问题，具备良好的综合应用能力。

▶ **解读点评**

说题可以锻炼学生的语言表达能力，因此教师应引导学生用简洁的语言，清晰、流畅地表达自己的思考过程和解题方法，学会用数学的眼光来观察世界，用数学的语言来表达世界，促进学生数学素养的提升。

在解决问题的过程中，教师应鼓励学生进行多角度、多维度的思考，可以组织学生开展合作交流等活动，分享、展示和交流各自不同的想法，帮助他们拓展解题思路，避免单一化的解题方式。解决问题策略的多样化可以促进学生发散性思维的发展，培养学生根据具体情境灵活选择合适方法的能力，从而提升学生综合运用知识的能力。

"说"出精彩 "题"炼素养

二年级下册"挖水沟问题"

▷ **选题缘由**

本题出自人教版小学数学教材二年级下册第五单元"混合运算"练习题，即第54页练习十二第6题。

⑥ 赵叔叔家要挖总长60米的水沟，已经挖了15米。剩下的用5天挖完，平均每天要挖多少米？

本题涉及的知识内容包括：①四则运算顺序；②两步计算解决问题。该题不仅是学生在系统掌握简单整数四则运算顺序（两步）和解决简单实际问题的基础上编排的一道课后练习，还是一道渗透工程问题的简单应用问题。因此，选题的目的一方面是巩固学生解答简单应用问题的能力，让学生体会解决需要两步计算才能完成的问题时，发现中间问题是关键；另一方面是增强学生利用数学思维的意识，体会数学源于生活、高于生活又回归生活，获得解答数学问题的基本经验。

本题对部分同学来说是有一定难度的，主要问题在：①审题不清，无法建立信息和问题之间的联系；②理解不明，无法理解题目中的内在数量关系，尤其是无法构建中间问题和最终问题之间的内在关系。针对二年级学生正处于由直观形象到半抽象阶段的过渡时期，语言表达逻辑性仍在快速发展等特点，在解答该问题的过程中借助条形图等直观方法，帮助学生理解问题，为学习线段图作铺垫，体会"数"与"形"结合解答问题的直观性和便捷性。

▶ 前期准备

解答此类问题需要准备的教具有黑板、黑板擦、尺子、粉笔。具体过程如下：

（1）范例学习，初试撰写说题稿。结合题目阅读理解，厘清条件和问题的关系，根据范例独立尝试撰写说题稿。

（2）提炼优化，尝试录制说题视频。教师结合学生的说题稿，重新梳理题目重难点和解题思路，予以指导，优化说题稿。学生尝试脱稿试讲，完成初步视频录制。

（3）同伴互学，对比自查优化说题。针对同一道题每个学生的解题思路和语言表达各不相同，完成初步说题视频录制后进行同伴互学，让学生在对比中自查优化解题思路和说题规范。

（4）总结归纳，回顾反思说题收获。学生阐述自己说题的心路历程和成果收获，教师给予正向评价和引导。

▶ 说题实录

◎ 阅读与理解

大家好，我们先来读题：赵叔叔家要挖总长60m的水沟，已经挖了15m。剩下的用5天挖完，平均每天要挖多少米？从题目中我知道：要挖总长60m的水沟，已经挖了15m，还知道剩下的要用5天挖完。要解答的问题是：剩下的平均每天要挖多少米？（边说边划出关键词句）

◎ **分析与解答**

下面我们通过画条形图来分析一下题目：剩下的平均每天要挖多少米？首先要先求出"还剩下多少米没挖"，然后再求出"剩下的5天挖完，平均每天挖多少米"。

先解决"还剩多少米没挖"的问题。就是要从总的长度（60m）中去掉已经挖了的长度（15m），从整体中去掉一部分要用减法来解决，因此列式计算为 $60-15=45$（m）。

然后解决"剩下的5天挖完，平均每天要挖多少"的问题。其实就是求剩下的45m里面有5个"几米"，因此要用除法来解决，列式计算是 $45÷5=9$（m）。这样的分步列式计算，还可以合并成一个综合算式，即 $(60-15)÷5=9$（m），表示的意思与上面相同。

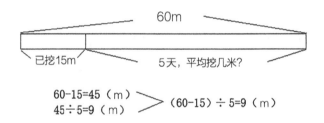

◎ **回顾与反思**

那么我们解答得对不对呢？现在我们来检查一下，假如剩下的平均5天完成并且每天挖9m，那么剩下的5天一共挖了 $9×5=45$（m），原来已经挖了15m，这两部分合起来 $45+15=60$（m），一共挖的总长度是60m，和题目中已知的条件一致。因此，这道题目我们解答正确。答：剩下的平均每天要挖9m。

解决这样的问题，我有如下感想和收获：

（1）解决问题时审题和阅读要仔细，关键的信息可以进行重点标记。

（2）当文字信息比较复杂时，可以用画图的方法来帮助我们理解和分析问题，这样会更加清晰、明了。

（3）解答需要多步计算的问题时，中间问题很重要，要认真思考，细心解答。

（4）解题完成后一定要检查，检查的方法有多种，可以重新梳理题目再解答，也可以用假设倒推的方法来检查，这样可以提高做题的正确率。

▶ 说题评价

为了更有效地促进说题效果，我们对不同阶段的说题形式进行了有针对性的评价方案设计，主要围绕说题四个板块"阅读与理解""分析与解答""回顾与反思"和"特色解题"展开自我评价、同学评价、教师评价等多元评价形式进行说题评价（见下表）。

学生说题评价表

评价要素			分值	得分
完整表述解决问题的三个步骤	阅读与理解（10分）	先读题，说清楚信息和问题，寻找联系	10分	
		初步审题，比如只读了题目	7分	
	分析与解答（25分）	完全正确，表达流畅、清晰	25分	
		思路对，有小错误	20分	
		思路对，结果错	15分	
		有过程	10分	
	回顾与反思（10分）	回顾与反思到位、正确	10分	
		有回顾与反思，但有小错误或者只检验了计算结果	7分	
方法多样化或者数形结合等（5分）		有用，并正确	5分	
		有用，但错误	3分	
总分			50	

在尝试说题中，主要采用教师点评的形式进行评价。教师点评可以实现对学生的整体教学，让每个学生都有不同的发展，教师点评，以生为主，进行适时的点拨指导。教师点评可以促进学生对表达思维和语言逻辑的训练。

在优化说题中，主要采用同伴互评和教师点评结合的方式进行评价。同学评价可以让学生在质疑、讨论、评价中共同学习进步，促进知识的消化吸收，激发学生思考和表达的积极主动性。

在展示说题中，主要采用自我评价和教师点评相结合的方式进行评价。学生比赛结束后可以观摩其他优秀说题视频，然后对比自己的说题表现进行自我评价，正所谓"三人行必有我师"，在对比分析中学会找优点、补不足，从而实现自我的发展和飞跃。当然对低年级学生而言，自我评价还是比较难的，需要在平时的学习中不断地渗透和练习。

▶ **解读点评**

　　说题活动从前期准备到正式说题，再到说题评价，激发了学生对数学强烈的探究欲望和学习的积极性，同时培养了他们勤思考、善表达的综合能力。尤其是在解答简单实际问题类型的题目时，培养学生有效阅读和理解题目中的关键信息，运用"数形结合"来辅助，提升了他们的知识关联综合应用能力，同时让他们感受到数学取之于生活、用之于生活的魅力。

多元表征　助力思维进阶

三年级上册"细菌分裂问题"

▶ **选题缘由**

本题选自人教版小学数学教材三年级上册第五单元"倍的认识"练习题，即第55页练习十一第11题。

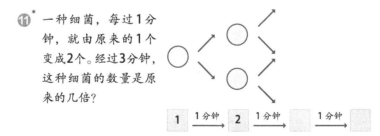

11* 一种细菌，每过1分钟，就由原来的1个变成2个。经过3分钟，这种细菌的数量是原来的几倍？

本道题属于"数与代数"领域。"倍的认识"这个单元的主要内容包括构建倍的概念和解决与倍有关的实际问题，教材安排3课时完成新授内容。此题是3个例题之后，单元练习中靠后的带星题，旨在通过稍复杂的细菌分裂情境，让学生进一步巩固"倍"的概念。

这道题目值得研讨，原因有三：第一，这是一道难题，部分学生见倍就乘，一上来就列式2×2×2，虽然也得到正确答案"8"，但是说不清、道不明思考过程，并没有真正理解这道题。学生若能细致地说清3分钟后细菌的个数是1×2×2×2＝8（个），然后将比较量（8个）和标准量（最初的1个）做比较8÷1＝8，得出答案8倍，才算深度理解"倍"的概念。第二，讲透这道题，既是对倍知识的巩固，也是对数学学习方法的提升。引导学生通过画示意图、画流程图、列表、列式等方式综合分析问题，能有效渗透数形结合、化繁为简、有序思考等数学思想。第三，研讨此题收获的知识技能和思想方法，可为今后学习做好准备。细菌分裂是一个等比数列的原型，小学阶段虽不直接教学等比数列，但此题中的模型思想、数形结合思想等，对后续研究兔子繁殖问题和打电话问题意义重大。

▶ 前期准备

在本题的说题前期，可以引导学生从以下几个方面做好准备工作：

◎ **情境感知**

细菌分裂与学生生活经验关系不太密切，为了帮助学生更好地审题，解读题意，可以借助多媒体动画《细菌变变变》，演示细菌的裂变过程，让学生熟悉问题情境。

◎ **方法指导**

面对难题，画图是个好方法。指导学生将细菌裂变的过程画下来，边画边思边讲，突破重难点，然后以表格、算式的形式进行整理和记录。有困难的学生，也可以用小圆片代表细菌，借助学具摆一摆。为了减缓学生的认知坡度，可以先让学生思考"经过2分钟，这种细菌的数量是原来的几倍"，让他们先把这个问题想明白，为后续的正式说题搭建思维的脚手架。

◎ **学生试讲**

学生成为主角，在不断"说题"中提升数学逻辑思维，培养数学语言表达能力，增强学习数学的自信心。同时，生生互动交流，互相评价，取长补短，完善自己的说题思路。

"学生说题"能落实学生的主体地位，在此过程中，教师适时加以点拨，从而让学生在说中促"思"，并达到以"说"促学的效果。

▶ 说题实录

◎　**阅读与理解**

我们先来读题："一种细菌，每过1分钟，就由原来的1个变成2个。经过3分钟，这种细菌的数量是原来的几倍？"通过读题，可以发现题中的关键信息是细菌变化的方式，每过1分钟，细菌就会由原来的1个变成2个，画图表示就是

◌〈◌，要解决的问题是"3分钟后细菌的数量是原来的几倍"，这和教材本单元例2是同种类型，问题中"原来"是指最开始的时候，也就是1个细菌，所以也就是求3分钟后的细菌个数是1个细菌的几倍？

通过读题，发现问题就是两个量在比较，最初的"1个细菌"是标准量，"3分钟后的细菌个数"是比较量。

◎　**分析与解答**

读完题目后，我们知道只要算出3分钟后的细菌个数，再用3分钟后的细菌个数÷最初的个数就能求出答案。那么3分钟后到底有几个细菌呢？可以用一个圆圈代表一个细菌，画一画。这种细菌每过1分钟，就由原来的1个变成2个，所以1分钟后这种细菌就变成了2个，又过了1分钟，这种细菌就从2个变成了4个，再过1分钟，这种细菌会从4个变成8个。所以，经过3分钟，这种细菌就从最初的1个变成了8个，由图可知，8个细菌是1个细菌的8倍。

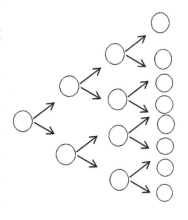

我们可以依次用乘法计算，3分钟后有8个细菌，$8÷1=8$，答案是8倍。画完图，这道题目就变简单了！

1×2＝2（个）……1分钟后细菌的个数

2×2＝4（个）……2分钟后细菌的个数

4×2＝8（个）……3分钟后细菌的个数

原来	1分钟后	2分钟后	3分钟后
1个	2个	4个	8个

除了画图，还可以列表格整理细菌数量的变化规律：每过1分钟，细菌的个数都是前一分钟的2倍，经过几分钟，就有几个这样的2倍，所以答案是8倍。

另外，还可以用流程图表示思考过程，3分钟后得到8个细菌，是最开始的8倍。

$$1 \longrightarrow 2 \longrightarrow 4 \longrightarrow 8$$

通过分析，我们发现了规律，其实这道题目也不是很难！我们一起来列式，刚才已经边画图边列分步算式了，现在我们可以整理成综合算式：1×2×2×2÷1＝8。最后写答句：这种细菌的数量是原来的8倍。

◎ 回顾与反思

对照图再数一数，3分钟后确实是8个细菌，是原来的8倍。我们还可以倒过去计算，8÷2＝4（个），4÷2＝2（个），2÷2＝1（个），3分钟后是8个细菌，3分钟前是1个细菌，3分钟后的细菌数量是3分钟前的8倍。

这道题目的文字中并没有直接写明最初是1个细菌，但是文字边上的配图，都用1个圆圈和数字"1"表示了最初的情况，所以我们就顺着题目意思，假设开始是1个细菌，这样方便画图、计算和表达。做完这道题目后，我们掌握了这道题目的规律，发现不管原来的细菌有多少个，经历3分钟后这种细菌的数量都是原来的8倍，因为我们可以把最初的多个细菌看作一个整体，看作1份，3分钟后就是变化成了这样的8份。

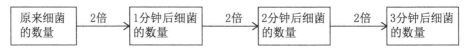

同样的道理，经过4分钟后，这种细菌的数量就是原来的2×2×2×2＝16（倍）。那么，经过6分钟后，这种细菌的数量是原来的几倍呢？对，就是6个2连乘的积！

▶ **说题评价**

◎　**自我评价**

通过说题，我发现自己变聪明了！第一次看到这道题，感觉有点复杂。因为要讲给大家听，为了让大家都听明白，我只能深入地思考和钻研，向老师请教，向同学取经。老师引导我用画图表示细菌分裂的过程，还鼓励我勇敢地开口表达。周围的小伙伴也给我提供了不少思路，现在我不仅知道了怎么做这道题，还掌握了这道题蕴含的规律，能做得又对又快。画图、列表都是好方法，以后碰到类似的题目也不怕了！

◎　**同学评价**

这位同学的思路很清晰，听了她的说题，我也已经完全搞懂了这道题目。她不仅能用多种方法解题，而且能够多角度地反思和检查。最后她还提到，不管最初是1个细菌还是多个细菌，答案都一样，因为可以把最初的多个细菌看作一个整体，看作1份，3分钟后就是变化成了这样的8份。我感觉她的思考很深入，我要向她学习。

◎　**教师评价**

审题过程中，该生有意识地思索这道题和学过的哪道例题相似，在主动联结知识的过程中，发现问题就是两个量在比较，最初的1个细菌是标准量（1份），3分钟后的细菌个数是比较量（有这样的几份）。在解答过程中，该生做到了方法多样化和数形结合。回顾与反思是对解题活动的深层次认识和再思考，听了她的发言，我相信她头脑中已经成功建立"细菌分裂"的数学模型，并能够自主迁移主动应用模型解题了。

评价的目的是改进学生的说题过程，激励学生"说"，从"会表达"走向"慧表达"，同时也为教师进一步指导学生说题提供依据。师生交流互动、共同制定说题评价单，先请学生自评打星，然后同学互评打星。结合自评、同学评、教师评等形式，在班级里展开说题之星评选。

教师可以依据评价单的各个维度，直接面对面地对学生进行语言点评，同时教师也可以对原题目进行变式和拓展，以此考查学生是否真的说思结合、说有所获。例如，教师可以这样出题：

1.一种细菌，每过1分钟，就由原来的1个变成2个。

（1）经过10分钟后，这种细菌的数量是原来的几倍？

（2）把一个细菌放在培养瓶里培养，细菌会不断分裂。把1个细菌放在瓶子里，直到细菌充满瓶子为止，一共用了1个小时。如果一开始，将2个这种细菌放在瓶子里，充满瓶子需要多长时间？

2.还有一种细菌，繁殖能力更强，每过1分钟，就由原来的1个变成3个。那么经过n分钟后，这种细菌的数量是原来的几倍呢？

▶ 解读点评

从前期准备，到正式说题，再到评价，整个流程都充分体现了学生的主体地位。此题对学生来说略有难度，但属于跳一跳可以摘到的"桃子"。运用"画、化、话"，有助于学生数学素养的提升。

画：画图可以使抽象的问题变得直观，有利于探索思路、分析问题。

化：遇到稍复杂的题目，可以化繁为简。先思考经过2分钟，这种细菌的数量是原来的几倍，再思考经过3分钟的情况。为了方便找规律，先令最初的细菌是1个，再思考最初的细菌是多个的情况。化难为易，逐步抽象，有利于学生建立起"细菌分裂"的数学模型。

话：在说题的过程中，学生内隐的思维活动得以外显，对外化表达的训练又可以进一步促进内隐思维的提升。

以说题训练为抓手，不仅发展了学生的语言表达能力和数学逻辑思维，而且使合作学习真正落地生根。在班级内营造一种良好的学习氛围。按照组间同质、组内异质的原则，对学生分组，借小组合作之翼，扬分层学习之帆，使不同发展水平的学生都能在说题过程中得到不同的发展。

巧借表征　优化策略

三年级下册"买票最优策略"

▷ 选题缘由

本题选自人教版小学数学教材三年级下册第二单元"除数是一位数的除法"的课后练习，即第30页练习五第13题。

⑬ 3位老师带50名学生参观植物园。
怎样买票最划算？

票	价
成人	10元/人
学生	5元/人
团体 (10人及以上)	6元/人

本道题稍复杂，是一个需要学生综合应用所学知识来解决的策略问题。作为一道策略问题，学生不仅要把所有的策略都列举出来并计算出买票的费用，还要根据结果比较选择最合适的买票策略，更要举一反三，推断出随着人数的变化，最优策略也会随之改变。

三年级的孩子对"买票"这件事应该不陌生，但仅限于"了解"，尤其是像本题中的稍复杂买票问题，学生缺乏实践经验。此外，三年级的孩子仍以具体形象思维为主，解决问题过程中，在直观经验的驱使下极易呈现单一的思维模式，即"团体买"或"分开买"，难以将上述两种策略融合形成"一部分分开买，一部分团体买"的新策略意识。因此，要解决本题，不仅需要学生具备良好的数学表达能力，还需要具备较高的抽象思维能力。因此，在说题的过程中，学生不仅要描述"团体买"和"分开买"两种策略，更要在此基础上通过画图表征等形式将两种策略融合提升到新的结构化购买策略，并进行比较优化，在此过程中学生的思维模式将从单一的思维模式提升为综合性的结构化思维。

▶ 前期准备

在本题的说题前期，可以引导学生从以下几个方面做好准备工作：

◎ **情境式实践，丰富生活经验**

"买票"事件源于生活，因此，学生的生活经验对解决"怎样买票最划算"起到重要作用。因此，在正式说题前可以引导学生化繁为简，通过人数较少的情境式买票实践，初步感受生活中买票时除了可以"团体买"或"分开买"，还可以融合两种方式"部分购买团体票"。

◎ **追问式引导，破除思维定式**

在学生初步了解买票策略后，教师可抛出问题："你觉得'团体买''分开买''部分购买团体票'这三种买票方法在省钱方面各有什么优点？"通过引导，让学生明白，"团体买"，老师的票价比较便宜，但学生的票价变贵了；"分开买"，学生的票价比较便宜，但是老师的票价变贵了；"部分购买团体票"，正好将老师和部分学生组成1个团体（10人），老师的票价便宜了，部分学生的票价变贵了，但综合来看省的钱最多。

◎ **交流式反思，完善问题策略**

通过同学间的说题分析，让学生在思维碰撞中意识到三种策略各有利弊，需要一一举例、计算、比较后才能选择出最优策略，并且将思路以说题稿的形式记录下来。

▶ 说题实录

◎ **阅读与理解**

我们先来读一读这道题。通过读题，可知共有3位老师带50名学生参观植物园，从图片中的票价栏还知道了成人票价是每人10元，学生票价是每人5元，10人及以上可以购买团体票，每人6元，要解决的问题是：怎样买票最划算？

◎ **分析与解答**

生活中，我们在买票时一般有以下三种方法：第一种方法，老师和学生合在一起超过了10人，可以购买团体票；第二种方法，老师和学生分开买，即老师买成人票，学生买学生票；第三种方法，老师和部分学生凑成10人买团体票，剩余的学生买学生票。究竟哪种方法最划算呢？接下来我们一起来算一算。

第一种方法：老师和学生合在一起买团体票，先把学生的人数和老师的人数加起来：$50+3=53$（人），求得老师和学生共53人，超过了10人，所以可以购买团体票。又知道团体票每人6元，现在有53人就需要买53张团体票，也就是求53个6是多少，用乘法计算：$6×53=318$（元）。所以第一种方法一共要花318元。

第二种方法：老师和学生分开买，老师购买成人票，学生购买学生票。先来算一算老师购票需要花多少钱。已知有3位老师，需要买3张成人票，每张成人票是10元，也就是求3个10是多少，用乘法计算：$10×3=30$（元），所以老师购票一共要花30元。再来看学生买票一共需要多少钱。已知有50名学生，就要买50张学生票，每张学生票5元，也就是求50个5是多少，用乘法计算：$5×50=250$（元），购买学生票一共需要花250元。最后把老师的买票总价30元和学生的买票总价250元相加就是总共需要的费用，用加法计算：$30+250=280$（元）。所以第二种方法一共要花280元。

第三种方法：老师和部分学生购买团体票，剩余学生购买学生票。我们发现，在用第一种方法计算时，3位老师的票价虽然便宜了，但是50名学生的票价贵了，所以我们可以让3位老师和7名学生组成一个10人的团体，这样就可以购买10张团体票，剩下的学生还有$50-7=43$（人），仍旧买43张学生票（边说题边画图，见下图）。

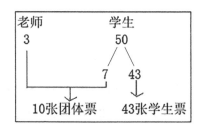

团体票每人6元，要求买10张团体票的总价，也就是在求10个6是多少，用乘法计算：6×（3+7）=60（元），剩余的学生还有：50-7=43（人），购买43张学生票，学生票每张5元，要求学生票的总价也就是求43个5是多少，用乘法计算：5×43=215（元），最后把10张团体票的总价60元和43张学生票的总价215元相加就是总共需要的费用，用加法计算：60+215=275（元）。所以第三种方法一共要花275元。

最后我们来比较一下，看看哪种方法买票最划算：275元＜280元＜318元，所以第三种方法买票最划算。答：3位老师和7名学生买10张团体票，剩下的43名学生买43张学生票最划算。

◎ 回顾与反思

通过解决这个问题，学生知道了生活中当遇到大人和小孩一起买票时，有三种不同的方法：我们可以将大人和小孩合在一起都买团体票，只是这样小孩的票价会更贵；也可以让大人买成人票，小孩买儿童票，这样大人的票价就比较贵；还可以将大人和小孩先凑成一个团体，剩余的小孩仍然买儿童票，这样就只有一部分小孩的票价贵了。最后我们要通过算一算、比一比，判断哪种方法买票最划算。

这道题目最终的结果是所有老师和一部分学生买团体票，剩下的学生买学生票最划算，那是不是所有买票的情况都是这样呢？我们来看一看，如果把题目改为1位老师带着50名学生去参观植物园，也可以用上面的三种方法来计算买票的总价：

①都买团体票：6×（1+50）=306（元）

②分开买：10×1+5×50=260（元）

③部分购买团体票：6×（1+9）+5×（50-9）=265（元）

通过计算，我们可以看出，老师的人数少了2人后，分开买票更划算，这说明上面三种方法究竟哪种更划算，还与老师和学生的人数有关系。

▶ **说题评价**

◎ **自我评价**

沈同学：这道题原来我只想到了老师可以和学生一起买团体票，也可以分开来买，老师买成人票，学生买学生票。后来通过班级里的买票活动，我知道了还可以部分学生和老师一起买团体票，剩下的学生还是买学生票。并且通过算一算我发现第三种方法是最划算的。但第三种方法买票不一定是最划算的。在同学和老师的提醒下，我发现如果老师人数少了，购买团体票就没那么便宜了，并且需要更多的学生去买团体票，这样有可能会比分开买更贵。在尝试改变老师的人数后我发现哪种买票方法最划算，与学生和老师的人数是有关系的。

◎ **同学评价**

沈同学在说题的时候不仅考虑到了三种买票的方法，还通过比一比发现了"怎样买票最划算"。尤其是第三种方法，她不但说得很清楚，而且还能边说边画，有了图，看起来就更清晰了。

◎ **教师评价**

沈同学在本题的说题过程中，能够有条理、有逻辑地围绕"阅读与理解""分析与解答""回顾与反思"三大板块展开说题。在"阅读与理解"板块，能够清晰流畅地描述问题中的文字信息、图表信息，找到要解决的问题；在"分析与解答"板块，能够正确描述三种购票方法并正确计算，尤其在描述第三种方法时能够借助简易的思维导图来突破本题难点。在回顾与反思阶段，不但能够回顾整个解题过程，还能进行拓展延伸，清晰描述了购票方法的相对性。

▶ **解读点评**

本题来源于生活，故在前期指导中教师考虑到了学生的生活经验与实践体验，通过体验让学生初步感受到"买票"这一行为的方法多样性，而后通过教师引导、同学互助等形式不断提升说题者对本题的深入认识。其实，教材中还有很多练习也是来源于生活却又是学生的"生活盲区"，在此类题目的指导过程中，教师必须把握学生已有的生活经验，通过多形式的实践体验让孩子真正感受到问题存在的价值以及解决的路径，在此基础上再通过引导说题提升学生的思维能力。

活用策略　以弱制强

四年级上册"田忌赛马"

▶ 选题缘由

　　本题选自人教版小学数学教材四年级上册第八单元"数学广角——优化"例题，即第106页例题3。它是运用"对策论"最古老、最典型的案例，研究的是采用什么对策才能战胜对手。

　　同样的三匹马，田忌因调换了马的出场顺序，就能转败为胜。要让学生从数学的角度去理解这个故事，感受其背后蕴藏的深厚数学文化。本题需要学生利用数学中的排列组合，列出一共有多少种比赛的可能性，结果分别如何，再选出最优方案作为取胜策略。但对四年级学生来说，学习优选法、对策论等高深的数学知识和方法是比较困难的，遂采用说题的形式，让学生"话"思路，"析"策略，饶有兴趣地去学习，以帮助学生更好地理解这些思想和方法，了解这些数学方法的实际应用。

3 你听过"田忌赛马"的故事吗？田忌是怎样赢了齐王的？

场次	齐王	田忌	本场胜者
第一场	上等马	下等马	齐王
第二场	中等马		
第三场	下等马		

田忌所用的这种策略是不是唯一能赢齐王的方法？

我们来看看田忌共有多少种可采用的应对策略。

对阵方	第一场	第二场	第三场	获胜方
齐王	上等马	中等马	下等马	
田忌1				
田忌2				
田忌3				
田忌4				
田忌5				
田忌6				

▶ **前期准备**

在本题的说题前期，可以引导学生从以下几个方面做好准备工作：

①课前请学生收集资料，了解"田忌赛马"的故事，和同桌分享故事，并对田忌是怎样赢得第二次赛马比赛展开讨论。

②本题重点是通过列举田忌可以采用的所有策略，从而得到最优策略，于是课前需要对排列组合问题进行复习。

③本题难点是学生要把所学知识有效地运用到实际生活中去，遂在新授结束后为学生提供符合田忌赛马问题的不同情境进行类比运用。

④本次说题涉及综合与实践领域，学生相对陌生，在说题指导时首先要帮助学生明确说题思路：第一，阐明比赛规则和参赛双方实力；第二，呈现田忌获胜

的策略；第三，围绕"田忌所用策略是不是唯一能赢齐王的方法？"这一问题，穷举所有可能的对阵情况；第四，思考田忌取得比赛胜利的必要条件；第五，拓展迁移，将策略问题延伸至生活。

⑤学生根据自身理解，撰写说题稿，同桌互相提供改进建议，修改初稿。小组内试讲，组内互评，再次改进，最后在全班范围内进行说题评比。

▶ **说题实录**

◎ 阅读与理解

大家好，今天由我带来一则数学故事——田忌赛马。齐王与田忌赛马，比赛规则和参赛双方实力如下：

①双方都从自己的上等马、中等马、下等马中，各选一匹来比赛。

②每匹马只能参加一次比赛。

③三局两胜。

④齐王每个等级的马都比田忌同等级的马要稍微强一些。

比赛时，双方的上等马对上等马，中等马对中等马，下等马对下等马。果不其然三场比赛下来，田忌都输了。是不是田忌与齐王的赛马比赛中，田忌都必输无疑呢？

这时聪明的军事家孙膑灵机一动，为田忌提供了一条策略，让田忌反败为胜。

同样的三匹马，第一场，孙膑让田忌用下等马对齐王的上等马，输了；第二场，孙膑让田忌用上等马对齐王的中等马，胜了；第三场，田忌用中等马对齐王的下等马，又胜了。我可以用列表法或连线法来表示双方的对阵和胜负情况。

（1）列表法

场次	齐王	田忌	本场胜者
第一场	上等马	下等马	齐王
第二场	中等马	上等马	田忌
第三场	下等马	中等马	田忌

（2）连线法

◎　**分析与解答**

田忌在三场比赛中，两胜一负，最终赢了齐王。田忌所用的这种策略是不是唯一能赢齐王的策略？我们来看看田忌共有多少种可采用的应对策略。

为了能找到所有的对阵情况，我们用列表格的方式予以呈现。根据学过的排列组合方法可知，田忌确定用上等马对阵齐王的上等马后，有2种方法——中对中、下对下或者下对中、中对下。依次类推，确定用中等马对阵齐王的上等马后，也有2种方法；同理，确定用下等马对阵齐王的上等马后，也是有2种方法。所以一共有6种对阵方式。

对阵方	第一场	第二场	第三场	比赛结果
齐王	上等马	中等马	下等马	
田忌1	上等马×	中等马×	下等马×	负
田忌2	上等马×	下等马×	中等马√	负
田忌3	中等马×	上等马√	下等马×	负
田忌4	中等马×	下等马×	上等马√	负
田忌5	下等马×	上等马√	中等马√	胜
田忌6	下等马×	中等马×	上等马√	负

◎　**回顾与反思**

根据三局两胜的比赛规则，得出每种策略的获胜方，发现田忌可以有6种赛马策略，但获胜的策略只有一种，即用最弱的马去牵制对方最强的马，以确保后面两场比赛的胜利，即以弱耗强、依次稍强。

另外，这一制胜策略只能在田忌"后出"时奏效，假若田忌"先出"，则必输无疑。田忌赛马反败为胜的故事发人深省。在比赛中，要知己知彼，分析双方的情况，想到所有可能的对策，选择一个利多弊少的最优策略。所以，田忌赛马要取得比赛的胜利必须满足以下条件：对方先出、以弱耗强、依次稍强。

◎　**迁移与拓展**

"田忌赛马"这一策略问题模型在我们的生活中广泛存在，了解了策略问题的解题策略，可以使我们成为睿智的生活小达人。假如你和我一样遇到了这样有趣的挑战题，你能顺利解决吗？

例如，有20颗豆子，甲、乙两人轮流取走，每次只能取1颗或者2颗，谁拿到最后一颗豆子谁就获胜。想一想，获胜策略是什么？

来听听我的思路吧！20颗豆子数量太多了，化繁为简，我先从3颗豆子入手。

3颗豆子获胜策略：①对方先取；②对方取1，你就取2；对方取2，你就取1。

4颗豆子获胜策略：①我方先取1；②接下来对方取1，你就取2；对方取2，你就取1。

5颗豆子获胜策略：①我方先取2；②接下来对方取1，你就取2；对方取2，你就取1。

6颗豆子获胜策略：①对方先取；②对方取1，你就取2；对方取2，你就取1。

7颗豆子获胜策略：①我方先取1；②对方取1，你就取2；对方取2，你就取1。

豆子颗数	计算	先取的一方
3	$3 \div 3 = 1$	对方
4	$4 \div 3 = 1 \cdots\cdots 1$	我方
5	$5 \div 3 = 1 \cdots\cdots 2$	我方
6	$6 \div 3 = 2$	对方
7	$7 \div 3 = 2 \cdots\cdots 1$	我方

寻找获胜策略的规律：

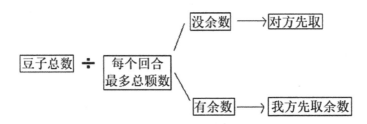

回到20颗豆子，$20 \div 3 = 6 \cdots\cdots 2$，获胜策略是：我方先取走2颗，后续保证每个回合两人取得数和为$1+2=3$。

同学们，我的说题完毕，希望能带给你启发。

▶ **说题评价**

◎ **自我评价**

之前我已经在语文课上学习过田忌赛马的故事，当时只是觉得孙膑足智多谋，能反败为胜。而在数学课上，我学到了田忌赛马更深层次的智慧——策略问题。兴趣使然，我们开始准备说题，每次打磨都使我对策略问题有更深层次的理解。我的说题思路是：①阐明比赛规则和双方实力；②呈现田忌获胜策略；③穷举所有可能的对阵情况；④反思田忌取胜的必要条件；⑤策略问题在生活中的应用。

◎ **同学评价**

该同学的说题过程完整而有条理。①阅读与理解：介绍赛马规则、对比双方实力。②分析与解答：用列表法和连线法呈现使田忌获胜的策略；提出疑问：这是唯一能使田忌获胜的策略吗？展开探究：列表法呈现搭配结果，有序，做到不重复、不遗漏。③回顾与反思：梳理田忌赛马取得胜利的必要条件：对方先出、以弱耗强、依次稍强。④迁移与拓展：以典型例题"取豆子"让策略问题成功落地。说题过程有理有据，环环相扣，值得我们学习。

◎ **教师评价**

学生说题的过程，是知识内化，思维升华的过程，田忌赛马的故事具有很强的教学意义。通过说题，深入学习，使学生明白在面临不利局势时，要冷静思考，让自己在劣势中找到优势，扬长避短。该生说题准备充分，情感充沛，思路严谨，具有借鉴意义。

▶ **解读点评**

通常情况下，教师会选择数与代数领域的问题让学生进行说题训练，本案例大胆尝试在实践领域综合开展说题训练，使学生的思维力与创新力得到了进一步发展。

前期准备过程中，让学生重温故事，讨论田忌制胜策略，复习排列组合知识，使用列表、连线等方法。说题练习阶段中，按照"撰稿—同桌交流—组内互评—班内评比"的流程逐步开展。评价过程也采用自评、组内互评、教师总评等多元主体评价模式，从不同角度发现问题和闪光点。本次说题的亮点是注重拓展与迁移，注重培养学生把所学知识有效地运用到实际生活中的能力。应用环节中，"小讲师"善于梳理框架、总结规律，把解决问题的策略在不同情境进行类比运用，让数学核心素养真正落地。

以"说"促学 "题"升思维

四年级下册"租船问题"

▶ 选题缘由

本题选自人教版小学数学教材四年级下册第一单元"四则运算"的课内例题，即第10页例题5，属于第二学段"数与代数"这一板块。

5 有32人要租船游玩1小时，怎样租船最省钱？

小船限乘4人，
大船限乘6人。

小船24元/时
大船30元/时

"租船问题"这一类题目并不是首次出现在人教版教材中，二年级下册第六单元"有余数的除法"的例5和三年级上册第三单元"测量"的例9都有出现过，与之前的"租船（车）问题"相比较，四年级的"租船问题"更为复杂。根据《义务教育数学课程标准（2022）》要求，本单元设置了需用两三步计算解决的实际问题，旨在让学生合理灵活地运用相关知识解决问题，感受、领悟优化思想，提高解决问题的能力。但该题对四年级学生而言，难点不在运算过程，而是其中蕴藏的解决"租船问题"这类题的解题策略和解题思路，尽管有一定的经验基础，但依然有难度。

"租船问题"的解题本质是"优化思想"，生活中求最大利润、求最短路线、求最少费用等都属于优化问题，通过探索"租船问题"，寻找解题策略，感受优化思想，体验数学在实际生活中的价值，对今后学生学习数学和解决生活实际问题都有莫大的帮助。可见，"说好"这道题就可解决一类题。

▶ **前期准备**

在本题的说题前期，可以引导学生从以下几个方面做好准备工作：
①回顾二、三年级"租船（车）问题"的解决策略——"列表法"。
②明确题中已知信息，并思考从中知道了什么。

③让学生经历仔细观察、自主思考和与同桌交流的探索过程，尝试使用已学策略——列表法，得到关键点——"租船问题"中最省钱的策略一般是不空位，为后续的解题、说题打好基础。

④在经历"列表法"之后引导学生尝试用更简单的"列式计算"来解决问题，并对解题思路和说题稿加以优化，使得表述过程中的数学语言更加规范、准确。

▶ **说题实录**

◎ **阅读与理解**

我们先来仔细读题：有32人要租船游玩1小时，小船24元/时，大船30元/时，小船限乘4人，大船限乘6人，怎样租船最省钱？通过读题，已知数学信息有：一共有32人，小船每小时24元，限乘4人，限乘4人的意思是最多坐4人，不能超过4人；大船每小时30元，限乘6人，也就是最多坐6人。要解决的数学问题是：怎样租船最省钱。

◎ **分析与解答**

要解决这个问题，首先要判断哪种船的租金更便宜，也就是要计算出大船和小船单个座位的价格分别是多少。已知小船24元/时，限乘4人，则单个座位价格为$24÷4=6$（元）；大船30元/时，限乘6人，单个座位价格即为$30÷6=5$（元），因为$6>5$，所以大船单个座位的价格比小船便宜，因此要使租船最省钱，就要多租便宜的大船。

先假设都坐大船，能坐满几条大船呢？$32÷6=5$（条）……2（人），通过计算得知可以租5条大船还多2人。因为小船总价比大船便宜，所以剩下2人租1条小船，也就是租5条大船和1条小船，需要的总费用是$30×5+24×1=174$（元）。根据之前的学习，我们已经知道了在租船或租车时，没有空位的方案一般都是最省钱的方案，但是这样租船的话，小船并没有坐满，有2个空位。

如果坐满的话，会不会更省钱呢？我们尝试进行调整，将其中1条大船的6人和剩下的2人合在一起，共8人，可以租2条小船，刚好坐满，所以我们将租船方案调整为租4条大船和2条小船，总费用是：$30×4+24×2=168$（元），168<174，通过计算可知，4条大船加2条小船的租船方案明显比5条大船加1条

小船的租船方案便宜。通过上述解答，我们可以得出结论：租4条大船和2条小船最省钱。

◎ **回顾与反思**

通过解决这道题，我知道了在解决类似的"租船问题"时，要先根据船的价格和限乘人数，计算出哪种船单个座位的价格更便宜。再假设所有人尽可能坐满价格便宜的船。如果刚好坐满没有空位，这种方案自然最省钱；如果没有坐满还有空位，需要调整座位，尽量保证船上没有空位，这时的租船方案一般是最省钱的。

◎ **迁移与拓展**

但是也有特殊的情况，比如在买钢笔时会遇到这个问题：文具店的钢笔有两款，A款每盒10支，共60元，B款每盒3支，共21元。我要帮班级买49支钢笔，怎么购买最划算呢？

要先按照前面得出的解题方法，先比较两款钢笔哪款更便宜。A、B两款钢笔，A款单价：$60 \div 10 = 6$（元），B款单价：$21 \div 3 = 7$（元），因为6＜7，所以A款钢笔更便宜。如果都买A款钢笔，来算一算要买几盒。$49 \div 10 = 4$（盒）……9（支），可以买4盒还差9支，需要再买1盒，$4 + 1 = 5$（盒），一共需要买5盒，5盒A款的总费用是$5 \times 60 = 300$（元），但是买5盒还多了1支，相当于多花了1支钢笔的钱，不是很划算。

我们可以尝试调整一下，剩下的9支不买A款的话，刚好可以买3盒B款，此时刚好49支，也就是买4盒A款加3盒B款，总费用是$60 \times 4 + 21 \times 3 = 303$（元），通过计算对比发现，303＞300，买5盒A款的方案比买4盒A款加3盒B款更便宜，虽然买4盒A款加3盒B款的方案是刚好的，但这时我们还是应该选择购买5盒A款多1支的购买方案。

通过这次购买钢笔的经历，我们知道了在解决数学问题时，要根据具体题目进行思考，灵活变通，不可以依葫芦画瓢。以上就是我的说题内容，谢谢大家。

▶ **说题评价**

说题过后，学生本人、同学及指导教师分别对此次说题过程进行了评价。

◎ **自我评价**

通过说这道题，我充分经历了思考的过程，对于解决这类题的方法有了更透彻的理解，并且说题增强了我学好数学的信心，以后我会继续努力练习说题，提升自己的讲解水平和能力。

◎ **同学评价**

这位同学的讲解，运用简单的语言将"租船问题"讲解得通俗易懂，使我掌握了解题思路，并且在之后的拓展中用生活中的实际问题让我知道了并不是所有"租船问题"都是不空位最合适，也让我学会了要在日常生活中多积累和数学知识相关的经验，帮助自己更好地学习数学。

◎ **教师评价**

通过不断练习，数学语言运用简洁明了，解题思路清晰透彻，从原有的数学知识经验入手，通过设问的方式发现冲突，展示思考过程，整个说题流程顺畅、重点突出，回顾与反思更是将数学知识上升成数学能力。

最后的变式练习通过生活实际问题充分体现了数学来源于生活、应用于生活的理念，并且成功打破了同学在学习过程中形成的思维定式，开拓了学生的数学思维，加强了学生的数学思考能力。

▶ **解读点评**

"租船问题"并不是一道题，而是一类题，根据情景、数据设置的不同，解决问题的策略也会发生相应改变，二下、三上、四下三册教材中出现的三道例题都是"不空位"最合适的特例，在学习中就容易让学生形成思维定式，但就如上述提到的"买钢笔"问题，并不是"刚好"时最省钱，将这样的冲突通过学生说题的方式展示出来，让学生感受到自主发现问题、解决问题的重要性和必要性，并能打破学生的思维定式，让学生体会用数学知识解决问题的复杂性和变通性。

借"形"厘意 类比建模

五年级上册"分段计费问题"

本题选自人教版小学数学教材五年级上册第一单元"小数乘法"的课后练习,即第18页练习四第8题。

⑧ 五(1)班35名师生照合影,每人一张合影照片,一共需付多少钱?

合影价格表
照相:**27.5**元
(含**5**张照片)
加印一张 **2.5**元

本题是学生学习了"分段计费"模型问题之后的对应习题,属于数与代数领域的内容。选择本题有以下三方面原因:

①相比之前的教材,2022年版新教材中的"分段计费"例9增加了线段图来帮助理解,注重"数形结合"思想,其背后的数学本质是"分段函数"思想,是沟通小学和初中数学思想的桥梁。

②从学生层面来说，"分段计费"模型问题一直是一个难点，学生对"区间"的理解不够深刻，缺乏"分段"经验，容易出错。

③新课标（2022年版）强调要在真实情境中解决问题，并要求处于这一学段的学生具备说明白自己思路的能力，回顾自己解决问题的能力以及判断结果合理性的能力。

▶ 前期准备

在本题的说题前期，可以引导学生从以下几个方面做好准备工作：

①说题稿撰写：面对稍复杂的问题，可以采取"数形结合"的方法，通过画图来帮助理解和分析题意；也可以采用列表格枚举的方法，帮助寻找规律。"分段计费"模型问题是一类典型的习题，可以引导学生从不同例题中寻找共性，总结归纳出解题的一般思路。

②学生试讲：学生是学习的主体，可以在说题活动中提升逻辑思维能力、语言表达能力和反思研究能力，采用学生自述、生生互评、教师点评的方式层层推进说题稿的完善和优化。

▶ 说题实录

◎ 阅读与理解

我们先来读一读这道题：五（1）班35名师生合影，每人一张合影照片，一共需付多少钱？给出的合影价目表显示：照相27.5元（含5张照片），加印一张2.5元。

❽ 五（1）班35名师生照合影，每人一张合影照片，一共需付多少钱？

合影价格表
照相：27.5元
（含5张照片）
加印一张2.5元

这是一道"分段计费"模型问题，圈出题目中的关键信息：35名师生，每人一张；照相：27.5元（含5张照片）；加印一张2.5元。

◎ **分析与解答**

根据35名师生，每人一张合影照片，照相：27.5元（含5张照片）这些信息，我们知道需付的总钱数可以分为两部分，一部分是照相部分所需钱数，包含5张照片，另一部分是加印部分所需钱数，它们的数量关系为：所需总钱数=照相部分所需钱数+加印部分所需钱数（见下图）；我们还知道照相部分的27.5元是包含5张照片的，而一共需要印35张照片，我们还需要加印35−5=30（张）照片，根据加印一张2.5元这个信息，加印部分所需钱数=加印照片的数量×2.5。

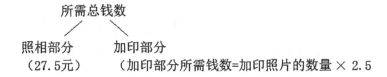

我们还可以画线段图来帮助理解（见下图）。

线段图由两部分线段组成，左边部分表示的是照相部分所需钱数，包含5张照片；右边部分表示的是加印30张所需钱数。根据线段图，我们可以得到数量关系式：所需总钱数=照相部分所需钱数+加印部分所需钱数，而加印所需钱数=加印照片的数量×2.5。

列出算式：

$$27.5+（35−5）×2.5$$

$$=27.5+75$$

$$=102.5（元）$$

根据题意，我们还可以这样思考，先按总人数印刷35张，每张2.5元计算，再加上之前照相部分少算的钱数。

按总人数印刷所需钱数：35×2.5=87.5（元）

照相部分少算的钱数：27.5−5×2.5=15（元）

所需总钱数：87.5+15=102.5（元）

◎ **回顾与反思**

我们的解答正确吗？在解决"分段计费"模型问题时，我们还能用表格（如下表所示）的形式进行表示。

照片张数（张）	5	6	7	8	…	34	35	…	n（$n \geqslant 5$）
所需总钱数（元）	27.5	30	32.5	35	…	100	102.5	…	$27.5 + (n-5) \times 2.5$

照相部分的钱数是27.5元，包含5张照片；然后每加印1张照片增加2.5元；依次累加，直至35张。经检验，我们的解答是正确的，一共需付102.5元。

对比课本例题和本题，发现在解决"分段计费"模型问题时，是有规律可循的：

①分析题意，明白题目中的基础量和增加量。本题中，照相所需钱数（包含5张照片）是基础量，加印所需钱数是增加量。书本例题中，起步价（3km及以内部分）是基础量，超过3km的部分是增加量。

②分析两部分各需多少钱时，基础量是不变的，增加量是会随之改变的。本题中，一旦拍了照，印1张照片是27.5元，印5张照片也是27.5元，从第6张照片开始所需总钱数会随着加印照片数量的增加而增加。书本例题中，一旦上了车，坐1km需要7元，坐3km也需要7元，从第4km（不足1km按1km算）开始所需总钱数会随着公里数的增加而增加。

③把两部分的钱数相加，算出所需总钱数。本题中，如果照片张数用n表示，n取1、2、3、4、5时，所需总钱数＝27.5；n取大于5的整数时，所需总钱数＝$27.5 + (n-5) \times 2.5$。书本例题中，行驶里程数取整后用m表示，m取1、2、3时，所需总钱数＝7元；m取大于3的整数时，所需总钱数＝$7 + (m-3) \times 1.5$。

▶ 说题评价

◎　自我评价

我从解决问题的一般步骤入手进行说题，力图把题目说清楚。在阅读与理解环节，我采用圈出关键词的方法帮助理清题意；在分析与解答环节，我首先是绘制线段图帮助理解，根据线段图得到数量关系，列出算式，运用两种方法进行一题多解；在回顾与反思环节，先使用列表枚举的方法进行验证，再把本题与课本例题进行对比，归纳出解决这类题的规律。

◎ **同学评价**

该同学在阅读与理解环节，圈出了关键词，使得题意更加清晰；在分析与解答环节，使用线段图帮助理解，并且给出了两种解题方法；在回顾与反思环节，列表进行检验，并且能够和课本例题进行对比，总结出这类题的规律，值得我们学习。

◎ **教师评价**

该生借助数形结合的方法来分析其中的数量关系，将抽象的"分段计费"模型问题直观化，变"看不见"为"看得见"。通过多元表征，建立起所需总钱数、照相部分所需钱数（基础量）和加印部分所需钱数（增加量）三者之间的数量关系。把教材例题和课后习题进行比较、关联，形成解决这类问题的一般思路，建立起模型思想。

▶ **解读点评**

"分段计费"模型问题，不能简单地依赖于生活问题原型，需要对生活问题进行加工与提炼。本题可以考查学生在读题、审题及信息处理等方面的能力，借助数形结合、列表格等策略对问题进行分析和验证，同时关注学生解决问题之后的反思和总结。具体体现在以下几点。

◎ **还原本色，呈现问题本质**

解决"分段计费"模型问题，将所需总钱数分解成照相部分所需钱数（基础量）和加印部分所需钱数（增加量）两个部分，这是解决这类问题的关键。通过圈关键词、画线段图、列表格等策略，展开对问题的思考，突出问题的本质。

◎ **数形结合，构建思维支架**

每个材料都有各自承载的目标，在感受画图策略优越性的过程中，发展几何直观能力，通过策略渗透与方法习得，使学生在遇到陌生问题时，能够主动运用习得的策略解决问题。

◎ **建立模型，内化解题方法**

数学本质上就是在不断地抽象、概括、模型化的过程中发展和丰富起来的。

解决"分段计费"模型问题，首先要分析题意，搞清楚题目中的基础量和增加量；其次要分析两部分各需多少钱，基础量是不变的，增加量是会随之改变的；最后要把两部分的钱数相加算出所需总钱数。感悟问题解决的一般方法，积累模型思想解决问题的活动经验。

借图明理 感悟转化

五年级下册"排水法求体积"

▷ **选题缘由**

本题选自人教版小学数学教材五年级下册第三单元"长方体和正方体"的课后练习，即第41页练习九第9题。

⑨ 在一个长 8 m、宽 5 m、高 2 m 的水池中注满水，然后把两条长 3 m、宽 2 m、高 4 m 的石柱立着放入池中，水池溢出的水的体积是多少？

选择本题的缘由如下：

①对五年级学生来说，"长方体和正方体"这一单元的内容既是重点又是难点，提高学生的空间观念是非常重要的。这道题目是建立在学生认识、了解了长方体与正方体的特征，学习了长方体与正方体的表面积、体积的有关知识，体验了不规则物体体积的测量方法的基础上进行的。选择这道题，目的是让学生通过画图等方式来分析理解题意，降低难度，从而解决问题。

②本题为易错题，错误点在于石柱有2条，这一点很容易被忽视；溢出部分水的体积到底是石柱的体积还是浸入水中部分的体积，学生还不能很好地区分。基于此，学生在说题时可以通过数形结合，帮助理解溢出水的体积就是石柱浸入水中的体积，由于石柱比水池高，所以在计算体积时不能直接乘石柱的高。

③说题的开展可以帮助学生建立起系统的数学思维能力，从思维的高度让学生真正地理解题目。同时，充分地尊重学生的主体性，引导学生先审题再做题，学会用数学的眼光观察现实世界，用数学的思维思考现实世界，用数学的语言表达现实世界。

▶ 前期准备

在本题的说题前期，可以引导学生从以下几个方面做好准备工作：

◎ **教具准备**

确定说题题目后，先让学生按照题目要求动手操作，在实物演示中感受石柱放下去水溢出来的过程，让学生体会溢出来的水的体积就是浸入水中石柱的体积。

◎ **学生试讲**

所有学生进行日常说题练习，在课堂和课后有意识地锻炼学生的语言逻辑和表达能力。再在班级中进行选拔，推选出2名比较优秀的学生。

◎ **撰写说题稿及优化**

先由学生独立完成说题稿，说清思路。教师在此基础上进行优化与延伸，并引导学生呈现拓展题目，对同类型的题目进行建模、归纳。

▶ 说题实录

◎ **阅读与理解**

通过认真读题，我们知道有"一个长8m、宽5m、高2m的水池中注满水"，要将"两条长3m、宽2m、高4m的石柱立着放入水中"，求"水池溢出的水的体积是多少"。此题解答过程中，需要关注这几个信息：

①注满水。如果水池中的水不是满的，那么我们求溢出水的体积时还要关注水池中空的部分；但是此题说注满水，因此溢出水的体积其实就是石柱浸入水中的体积。

②两条石柱。很多学生在计算时可能会把这个信息漏掉，所以最好读题时圈一圈。

③石柱高出水池。石柱的高度是4m，水池的高度是2m，也就是说石柱没有全部浸入水中，所以后续在求体积的时候不要直接算成石柱的体积。

◎ 分析与解答

首先，我们要思考，溢出的水的体积是不能直接求出来的，要把这部分体积进行转化。我们可以这样思考：石柱放进去之后，占据了原本水的空间，所以这部分的水就溢出来了。由此可知，溢出部分水的体积相当于两条石柱浸入水中部分的体积。所以，只要求出这两条石柱浸入水中部分的体积就可以了。

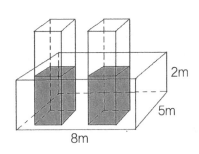

先分析石柱浸入水中部分。两条石柱是竖着放入池中的，石柱高4m，水池高2m，可以发现石柱放入水中后并没有完全浸入。为了更加清楚，可以画出来（见左图）。仔细观察图，我们可以发现浸入水中的部分也是长方体，也就是图中的阴影部分，因此我们就可以把溢出的水的体积转化为阴影部分即2个长方体的体积之和。

想知道长方体的体积，就要知道它的长、宽、高。阴影部分，长方体的长等于原来石柱的长，为3m，宽等于2m，要特别注意的是高相当于水池的高度，是2m。长方体的体积＝长×宽×高，所以阴影部分，1个长方体的体积是$3×2×2=12$（m^3），这样的长方体有2个，就是$12×2=24$（m^3）。24m^3既是浸入水中的两条长方体石柱的体积，也是水池溢出的水的体积。

◎ 回顾与反思

接着我们来进行检验，可以用反推法。题目的关键词是"注满水"，如果没有注满水，那么溢出的水的体积就要用石柱浸入水中部分的体积减去原水池中没有水的部分的体积。所以本题相对而言还是比较简单的，只需要将溢出的水的体积转化为2条石柱浸入水中部分的体积，也就是阴影部分。这个长方体的长就是石柱的长（3m），长方体的宽就是石柱的宽（2m）。由此，根据长方体体积公式

的变式 $h = V \div a \div b$，代入数据就可以得到 $h = 12 \div 3 \div 2 = 2$（m）。可以发现，计算出来的高（2m）正好就是水池的高，也确实小于石柱的高（4m），说明石柱并没有完全浸入水中，也进一步验证了我们之前画的图是正确的。因此，溢出的水的体积是 24m³，结果是正确的。

◎　迁移与拓展

1.现场编题

刚才的题是石柱的高大于水池的高的情况，那如果石柱的高小于或等于水池的高，溢出的水的体积又该怎么求呢？

可以现场编这样一道题：在一个长 8m、宽 5m、高 2m 的水池中注满水，然后把两条长 3m、宽 2m、高 1m 的石柱立着放入水中，水池溢出的水的体积是多少？

解题思路与上面一题相似，唯一不同的就是现在石柱完全浸入水中，所以求溢出水的体积也就可以转化为直接求两条石柱的体积。长方体的体积＝长×宽×高，所以 1 条石柱的体积 $3 \times 2 \times 1 = 6$（m³），那么 2 条石柱的体积就是 $6 \times 2 = 12$（m³）。这种情况下，计算时就不需要用到水池的高这个数据了。

2.对比建模

不论是石柱高还是水池高，溢出的水的体积都是转化成石柱浸入水中部分的体积，而浸入部分的高到底是多少，就需要比较石柱的高与水池的高了。当然也可以通过画图简单明了地呈现。只要能灵活运用转化思想，一切排水法的难题都会迎刃而解。

▶ **说题评价**

本次说题采用自我评价、同学评价与教师评价相结合的方式进行，重视说题过程中的学习型评价，对说题的过程和结果进行及时反馈，改变学生的被动学习状况。

◎　自我评价

①能够自信地将心里所想完整地表达出来。

②在解题时借助了数形结合的思想，能更好地理解题目的意思。

③最后对题目进行了拓展延伸，相信今后遇到类似的题目，能大大降低错

误率。

◎　同学评价

①语言表达很清楚。

②读题很仔细，会圈一圈找到关键字。

◎　教师评价

①语言表达：清晰、流畅，有较强的逻辑思维。

②审题：点读审题的方式值得大家学习，对易错点和关键字词有圈画的好习惯，要是对圈画的字词解说得再详细点会对解题更有帮助。

③分析：在分析时能够借助画图帮助理解题意，且分析得很到位。

④拓展延伸：学生能够进行现场编题，抓住石柱的高与水池的高这两者之间的关系做文章，提炼出此类题的解法。

⑤缺少反思，本题可以从学生平时做题需要注意的地方入手，以提醒的方式回顾与反思整个问题的解决过程。

▶ 解读点评

纵观整个说题活动，从前期的准备工作，到正式的说题，再到多元化的说题评价，提高了学生的数学语言表达能力，促进了学生数学思维的发展。学生会根据题目信息圈出关键字词，会通过画图来帮助分析题目。本次说题的亮点在于学生说题的第四环节——拓展与延伸，考虑到了石柱与水池的高低情况，抓住了本质，即不管高怎么变，溢出的水的体积都可以转化为石柱浸入水中部分的体积。当然，这只是注满水的情况。如果学生能考虑到更多的情境，如没有注满水，将现实生活中可能存在的情况都考虑到，再去观察对比每种情况的不同与共性，相信学生的整体性把握与理解会更好。

巧用画图　触形旁通

六年级上册"活动区域面积"

▶ **选题缘由**

本题选自人教版小学数学教材六年级上册第五单元"圆"的课后练习，即第72页练习十五第17题。

17* 有一栋底面呈长方形的建筑物（如下图），墙角有一根木桩，木桩上拴着一条狗。拴狗的绳子长 **4 m**，这条狗活动区域的面积有多大？

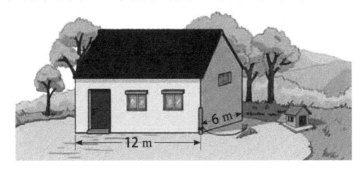

这道题属于稍复杂的问题，不同于常规题单纯又直白的问法，如求圆的面积，该题需要联系实际生活，由于题中狗的活动区域受到了墙的限制，所以活动区域只有圆的四分之三。此题思维过程需要学生具有足够的空间想象能力，能够想象出活动区域是什么样的图形，这对大部分六年级学生来说是一个难点。因此希望通过说题的方式，让学生主动思考如何突破此题难点，想到用比想象更直观的方法来说明活动区域的形状，培养学生分析问题、解决问题的能力，体会数学与实际生活的紧密联系，符合新课标下数学课程对学生核心素养的培养要求。

▶ **前期准备**

在本题的说题前期，先引导学生从以下几个方面做准备工作。

◎ **理解题意，明确难点，选择工具，厘清思路**

题目难点是确定狗活动区域的形状。一开始，学生选择了一根绳子，在黑板上提前画一个长方形表示建筑物底面，绳子一头由一名学生固定在长方形右下顶点处，另一头由另一名学生拉直自由活动，其他学生进行观察，最后得出一致结论：墙体遮挡了完整圆的四分之一，活动区域是圆的四分之三。

◎ **反思自疑，大胆提问，实践操作，探讨定论**

在实际操作过程中，有学生提问：如果绳子长度不是4m，会怎样？引发了所有同学的思考。他们想到了用更长或更短的绳子进行试验，四个顶点处由学生的手指替代，发现绳子只有比宽或长更长的那一部分能够绕过墙体，活动区域的形状不再仅仅是四分之三的圆……学生讨论后决定，先说这一道题，再进行拓展分析这一类型的题目，甚至还有学生提出可以留作课后练习来检验学习效果。整个操作和讨论的过程，都是由学生主导的，教师只是适时进行引导。

◎ **撰写说题稿**

说题稿中的每句话都由学生设计，教师仅在最后稍作修改。

▶ **说题实录**

◎　**阅读与理解**

我们先来读一读这道题：有一栋底面呈长方形的建筑物，墙角有一根木桩，木桩上拴着一条狗。已知拴狗的绳子长4m，求这条狗活动区域的面积有多大。

活动区域最远点与木桩的距离都是4m，回忆这单元学习的圆，圆心到圆上任意一点的距离都相等，所以活动区域的形状一定与圆有关。要求活动区域的面积就涉及圆的面积这一知识点，我们可以把拴狗的木桩看作圆心，那么题中的绳子长度就是圆的半径。

◎　**分析与解答**

我们可以以俯视的角度借助圆规画出题中狗的活动区域，纸上1cm表示实际长度1m，先画一个长12cm、宽6cm的长方形，来表示底面长12m、宽6m的建筑物（纸上标12m和6m），再以长方形的一个顶点（即木桩位置）为圆心，画半径为4cm的圆（纸上标4m）。在作图过程中，由于建筑物的阻挡，所画的活动区域并不是一个完整的圆，而是圆的3/4，因此活动区域的面积就是实际半径为4m的圆面积的3/4。

我们可以列式：$4^2 \times 3.14 \times \frac{3}{4}$，其中$4^2 \times 3.14$表示半径为4m的圆的面积，再乘3/4，就是求半径为4m的圆面积的3/4。在计算时，可以利用乘法交换律先计算$4^2 \times \frac{3}{4}$，得到12，最后再乘3.14，降低计算难度，最后答案为37.68m²。

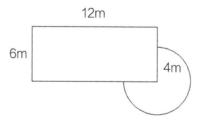

◎　**回顾与反思**

在这道题中，建筑物底面长12m，宽6m，在其墙角木桩拴一条狗，绳长4m，比建筑物的长、宽都短，因此狗只能在建筑物的右面和前面活动，不能越过墙，活动区域是半径为4m的圆面积的3/4，列式$4^2 \times 3.14 \times \frac{3}{4}$，按原来运算顺序再计算一遍，先算 $4^2 \times 3.14 = 50.24$（m²），再算 $50.24 \times \dfrac{3}{4} = 37.68$（m²），答案为37.68m²。

　　解决了这个问题，我们还可以进一步思考，如果缩短或延长绳子的长度，活动区域的形状仍然是圆的一部分吗？显然，答案是不一定。试想一些极端情况，当绳子非常非常长的时候，狗甚至能绕着建筑物活动一圈。那么在什么情况下，活动区域的形状是圆的3/4呢？

　　绳子非常短，短于4m，一定是符合的。那么长于4m呢？我们可以用画图的方式（一边口述一边演示），不断加大圆规两脚之间的距离，在尝试中发现，其实只要绳子的长度不超过建筑物底面的宽（6m），活动区域都是圆面积的3/4。绳长一旦超过6m，狗可以绕过图中右边那条边，继续活动，此时情况会是怎样呢？绳子有6m的部分被右面墙体挡住，无法继续活动，超过6m的部分可以随着狗继续活动，活动区域是半径为（绳长－6）m的圆面积的1/4。

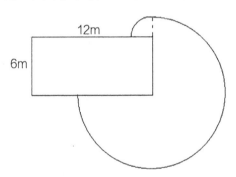

　　当绳长的长度超过建筑物底面的长（12m），狗还可以绕过图中下面那条边，继续活动，此时绳子有12m的部分被前面墙体挡住，无法继续活动，只有超过12m的部分可以随着狗继续活动，活动区域是半径为（绳长－12）m的圆面积的1/4。

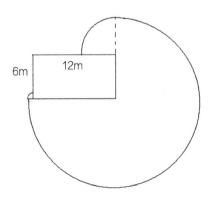

因此，只要绳长不超过建筑物底面的宽，活动区域就是半径为绳长的圆面积的3/4；当绳长在底面的长和宽之间时，活动区域是半径为绳长的圆面积的3/4＋半径为（绳长－6m）的圆面积的1/4；当绳长超过底面的长时，情况会更复杂，但我们都可以借助画图的方式来更好地理解题意，通过分析，最后解出问题。

同学们，你们都听明白了吗？听明白了的同学可以在课余时间尝试解决这几个问题：草地上有一间底面长20m、宽12m的茅草屋，屋角有一根木桩，木桩上拴着一只羊。①拴羊的绳子长10m，这只羊最多能吃到的草的面积是多少？②拴羊的绳子长16m，这只羊最多能吃到的草的面积是多少？③拴羊的绳子长24m，这只羊最多能吃到的草的面积是多少？

▶ 说题评价

说题结束后，许多学生表示在参与本次说题过程中受益匪浅，于是在教师的引领下，学生们自发地展开了一场说题反思评价交流会，以说题学生为首，学生和教师进行了充分点评。

◎　自我评价

我分别从阅读与理解、分析与解答、回顾与反思三方面对这道题进行了说题。在读题过程中，我发现这道题需要我们具备一定的空间想象能力。一些同学无法想象活动区域的形状，只是因为这是一道"圆面积"中的练习题，就想到要用"圆面积"的知识去解题。我认为用绳子实际操作一下会更容易理解，绳子若是不方便，还可以用画图的方式来理解题意，这对我们来说非常直观。最后我想到了改变题中的数据，这样就出现了不同的情况，我把能想到的情况全部进行了推理，以后再碰到这种题目就完全不用害怕了。其实，本来对这道题我还没有完全弄懂，但是经历了这一次说题，我在准备阶段就把所有思路全部理清楚了，我觉得帮助非常大。

◎　同学评价

听了他的说题，我知道了活动区域的面积跟绳子长短与建筑物长宽的关系有关，这一点我之前没有想到。我应该向他学习，这样就能通过会做一道题达到会做一类题的效果，以后再碰到这样的题目，就不用害怕了。

◎ **教师评价**

这位同学读题完整，能运用数学知识语言概括题中的信息，符合新课标（2022年版）下数学课程对学生核心素养的培养要求，即会用数学的眼光观察现实世界，会用数学的思维思考现实世界，会用数学的语言表达现实世界。说题中用画图的方法来理解题意是非常直观的，也方便操作。在检验完后还进行了拓展，这是本次说题的一个亮点。该同学深入思考，总结了这一类题目的解题思路，有助于数学思维的发展，最后还给其他同学留了几个问题，可以说是相当有小老师的风范了！不过在画图过程中，浪费了较多时间，可以把长方形提前画好，说题时会更加流畅。

▶ **解读点评**

在正式说题前，学生做了很多准备工作，先是在黑板上用绳子模拟了狗的活动区域，在此过程中，生生合作，分工明确，将题目难点——活动区域的形状直观地表示出来。之后，学生又考虑到说题过程中不方便这样操作，想到了在纸上用圆规替代绳子画出活动区域，达到相同的效果，说明学生非常善于反思改进。在前期准备充足的基础上，在说题过程中，学生语言清晰流畅，能有效提取信息和问题，正确理解题意，利用画图的方法展示狗的活动区域，简洁直观，解答过程逻辑清晰。在回顾与反思环节，从说一道题拓展到说一类题，提高举一反三的能力，最后还留了课后练习，达到自我检测的目的，能做到拓展迁移是本案例的亮点。

建知识结构联系　促思维深度发展

六年级下册"圆柱表面积"

▶ 选题缘由

本题选自人教版小学数学教材六年级下册第三单元"圆柱与圆锥"练习题，即第23页练习四第11题。

⑪　一根圆柱形木料的底面半径是0.5 m，长是2 m。如图所示，将它截成4段，这些木料的表面积之和比原木料的表面积增加了多少平方米？

本题涉及的知识内容包括：①圆柱的认识；②圆柱的表面积；③植树问题的模型。数学来源于生活，生活中到处有数学知识。解决生活中的数学问题，既要考虑实际需要，又要兼顾与其他知识的整合。本题是学生学习"圆柱的表面积"

后，对生活中相似问题的思考，能激发学生学习数学的兴趣，加强对相关数学知识的综合性运用。此题是经典题和常考题型，值得一说。

圆柱表面积的计算和实际应用相结合的题型，是圆柱相关知识中比较复杂的内容之一。此题看似简单，却是易错题，对部分学生来说有难度，问题主要如下：①审题不清，不理解题目到底要解决什么问题；②死记硬背，盲目套取公式；③无法厘清涉及的面积由哪些部分组成。

解答本题要用到几何直观、逻辑推理等方法，能培养学生的空间想象力和概括能力。如果能熟练掌握此类型的题，做到举一反三，就可以很好地解决生活中的实际问题，也为以后学习其他立体图形打下坚实的基础。

▶ 前期准备

此题属"图形与几何"板块，需要准备的教具有黑板、黑板擦、尺子、记号笔。具体过程如下：

①学生读懂题目中的各个信息及关系，先独立思考，尝试撰写说题稿。在撰写指导过程中，教师进一步剖析这道题的重难点。

②学生将说题稿优化后进行脱稿试讲，尝试录制。在此过程中，教师掌握学生的思维动态，帮助其梳理解题思路。

③同伴互相交流，每个学生都会有自己解题策略，通过沟通尽可能多地寻找其他解题方法。教师引导学生通过比较，寻找最佳解题方法，促进方法迁移。

④学生回顾整个问题的解决过程，阐述自己的经验和成果，提炼规律，实现举一反三、触类旁通。教师给予正向评价，以使学生能够收获解题的成就感，同时保护学生主动观察、主动分析、热衷表达的积极性。

▶ 说题实录

◎ 阅读与理解

今天由我来给大家讲这道题，首先来读题：一根圆柱形木料的底面半径是 0.5m，长是2m。如图所示，将它截成4段，这些木料的表面积之和比原木料的表面积增加了多少平方米？

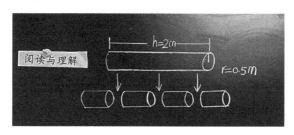

从题目中我们知道：这根圆柱形木料的底面半径是0.5m，长是2m，被截成了4段。要解决的问题是求这些木料的表面积之和比原木料的表面积增加了多少平方米。

◎ 分析与解答

下面来画图。这根木料我们知道木料被截断1次可以分成2段，截成了4段就是被截了3次。

从图中可以看出，木料被截成4段，由1个大圆柱被分成4个小圆柱。要求的是这些木料的表面积之和比原木料的表面积增加了多少平方米。就是求4个小圆柱表面积的和比原来大圆柱表面积增加了多少。已知圆柱体表面积=$S_{侧}$＋$2S_{底}$，即圆柱体表面积由侧面积和两个底面积组成。

我们仔细观察右图，先看一下截切前后侧面积的变化：

原大圆柱的长（也就是高）$h=2m$，4个小圆柱的长度之和等于原大圆柱的长，就是说4个小圆柱体的高度之和同样为2m。我们还发现4个小圆柱的底面和原大圆柱的底面大小是一样的，所以小圆柱的底面周长和大圆柱的底面周长相等。侧面积=底面周长×高，所以得到结论①：截切后圆柱体的侧面积不变。

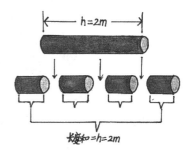

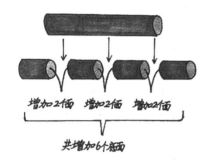

增加2个面　增加2个面　增加2个面

共增加6个底面

我们继续仔细观察左图，再看一下截切前后底面积的变化：发现木料截成4段需要截3次，木料被截断1次可以增加2个底面，截断2次共增加4个底面，以此类推，如果截成 n 段，就多 $2(n-1)$ 个底面。按照此规律计算，截成4段，4个小圆柱体比原大圆柱体共增加 $2\times(4-1)=6$（个底面）。

所以得到结论②：截切后圆柱体的底面共增加6个底面积。

> ①：截切后圆柱体的侧面积不变。
>
> ②：截切后圆柱体共增加6个底面积。

综合结论①和结论②，可以得出：4个小圆柱体的表面积之和比原大圆柱体表面积共增加了6个底面积。列算式为：$S=S_底\times2\times(4-1)$

求解：$S=S_底\times2\times(4-1)=S\times6=3.14\times0.5^2\times6=4.71$（$m^2$）

即这些木料的表面积之和比原木料的表面积增加了 $4.71m^2$。

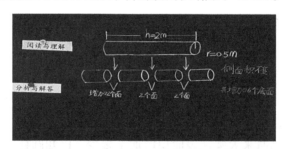

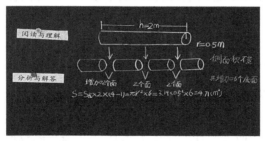

◎　回顾与反思

我们来检验一下。可以通过求出截切后的4个小圆柱的表面积之和（S_4），减去原大圆柱的表面积（$S_原$）来检验。

列算式为：$S_增=S_4-S_原$

1个小圆柱有2个底面，4个小圆柱共有8个底面，且4个小圆柱高的和（ h ）为2m。

列式计算：

$$S_4 = （4×2）S_底 + S_侧$$
$$= 8\pi r^2 + Ch = 8×3.14×0.5^2 + 3.14×0.5×2×2$$
$$= 12.56（m^2）$$

$$S_原 = 2S_底 + S_侧$$
$$= 2\pi r^2 + Ch$$
$$= 2×3.14×0.5^2 + 3.14×0.5×2×2$$
$$= 7.85（m^2）$$

$$S_增加 = S_4 - S_原$$
$$= 12.56 - 7.85$$
$$= 4.71（m^2）$$

通过验算，计算结果正确。

做这种求几何体类型的题，我们首先要找出题目中的关键信息，然后画图，数形结合能帮助我们更好地理解题意。本题的重点是找到圆柱底面积和侧面积这两个变量，厘清关系，就能明白图形到底有几个底面和侧面，解题时需要用到几个面，最后再代入公式进行计算。

◎　**迁移与拓展**

在实际的问题解决过程当中，有关圆柱表面积的题型，其表面积所包含的面与原计算方式存在差异，这时我们需要根据实际的情况进行分析，先确定其表面积包含的面有哪几个，再进行计算。比如：求无盖水池表面积，只需求一个底面积加上侧面积；求通风管道表面积，只需求侧面积；蔬菜大棚形状类似半个圆柱体，底面积和侧面积都变成了一半。要根据实际的要求和情况来确定所求表面积中涉及的面都有哪些，然后再根据公式进行计算。

▶ **说题评价**

◎　**学生自评**

解决生活中的问题时，既要考虑实际需要，又要灵活运用所学知识。利用题目中的关键信息，画出简单几何图形，观察图形，总结规律，使问题简化，巧妙地解决问题。

◎ **同学评价**

一开始看到这道题时一头雾水，觉得要计算的东西太多了，无从下手。听了张同学的讲解过程，我对这道题渐渐有了清晰的认识。尤其是看到画图解析，让我有了直观的认识，增加的面积就是6个底面的面积，那计算就不难了。

◎ **教师评价**

张同学能理解题意，理顺题中各个信息及关系，进而根据已知条件，通过画图做对比，厘清了各个变量之间的关系。整个说题过程思维活跃，对相关知识、方法的领悟也很到位。最后还能举一反三，由锯木料联系到"无盖水池"这种题型，真正实现了深度学习。

▶ **解读点评**

◎ **充分暴露思维过程**

面对这道题时，学生容易思路不清晰，较难找准解题的关键，导致计算繁杂。也有部分学生虽有计算过程和结果，但对关键信息的提炼，即"增加的面积就是6个底面的面积"这一点，解释不到位。通过完整地说题，充分暴露了学生的思维过程，尤其是通过几何直观的方法，让重难点顺利突破，进一步提升学生的思维品质。

◎ **关联构建思维结构**

结合说题过程中四个环节对问题的解决，进一步挖掘彼此之间的联系，寻找知识内容、思想方法之间的关联性，捋清思维脉络，通过改进和优化，得到新的思路和方法，得到更高水平的数学认知水平和思维发展水平。如截木料渗透了"植树问题"的数学模型，发现截切的次数比段数少1，截成4段需要截3次，每次多2个底面。那么在此基础上适当展开逻辑推理，可做进一步延伸，从而归纳出一般规律：如果用字母 n 表示截成的段数，S 表示底面积，增加的底面个数是 $2(n-1)$，增加的表面积是 $2(n-1)S$。

◎　**全面促进思维发展**

从一开始的独立思考撰写说题稿，再到不断修改优化，然后到试讲录制说题视频，学生在磨炼中不断探索、尝试，解题思维越发深刻。最后在同伴沟通的头脑风暴中，学生在交流中各抒己见、共享智慧，由此题辐射拓展到类似的实际问题，如求"无盖水池""通风管道""蔬菜大棚"等的表面积。这些思想碰撞拓宽了学生思维的广阔性，深入挖掘了学生的潜在能力，让深度学习真正发生。

下　篇

教师说题案例

寻联结 建模型

一年级下册"等式问题"

▶ **选题缘由**

　　本题选自人教版小学数学教材一年级下册第六单元"一百以内的加法和减法（一）"课后练习题，即第72页练习十五第12题。在一年级学生中选取2个班共89人进行后测。发放问卷89份，收回有效问卷89份。

◎ **后测题设计**

1.在同一个算式的（　　）里填上相同的数

30－（　）＝22＋（　）　　　　51＋（　）＝65－（　）

2.从上面两题中任选一题说说你是怎么想的。可以画一画、写一写等。

◎ **设计意图**

①了解学生对该题的掌握程度，即能否正确解答。

②了解学生对知识的理解水平，即对计算方法的掌握程度。

◎ **结果反馈**

测试结果显示，回答正确的人数为67人，占所有测试人员的75.28%，将学生的水平层次分为5个层次，详见下表。

水平层次	学生情况	人数/人	百分比/%
水平0	错误，不会做	22	24.72
水平1	会做，但审题不清	11	12.36
水平2	正确，采用列举法或者凑出答案	21	23.60
水平3	正确，采用画图法	19	21.35
水平4	正确，移多补少，知道算法，先求相差再均分	16	17.98

◎**结果分析**

1.技能形成模糊，解题策略单一

反观后测结果，75.28%的正确率不是一个令人满意的数据，对于这样的题型，学生的技能形成依然处于一种模糊状态。即使在75.28%的学生中，也有接近一半的学生尚未形成技能，而是通过凑数、一一列举等方法进行解答的。新课标（2022年版）提倡素养立意，但是从这道题目的测试结果来看，学生连"双基"目标都没达成，也就是说他们尚未普遍形成解决该类问题的技能，更别说是建立模型，提升素养。

2.差异显著，缺乏模型

本次测试时间为15分钟。少部分学生在测试时很快就完成了，基本都是水平4。其他大部分学生花费了很多时间，他们的解题方法基本都是水平1、水平2和水平3这几个层次。因此，还需要帮助学生建立模型。

▶ **说前思辨**

◎ **课标解读**

在课改中，课程目标经历了从"双基"到"四基"再到"核心素养"的发展，其中核心素养的培育以"四基""四能"为基石。模型意识是核心素养之一，主要是指对数学模型普适性的初步感悟。知道数学模型可以用来解决一类问题，是数学应用的途径之一；能够认识到现实生活中大量的问题都与数学有关，会有意识地用数学的概念与方法予以解释。模型意识有助于开展跨学科主题学习，增强学生对数学的应用意识。

基于以上分析，可以尝试从"建模"视角出发设计教学路径，帮助学生建立模型。

在建模的过程中，可以从学生立场出发，采用多种策略，让学生知其然，也知其所以然。策略一：借助真实情境的帮助，化抽象为具体，让学生在真实情境中理解知识，建立模型。策略二：通过数形结合，以形解数，化形象为直观，让学生明白数学关系，建立模型。策略三：引导学生从简单数据入手，经历合情推理的过程，在培育推理意识的过程中建立模型。

◎　**学情分析**

一年级孩子的现实起点是：以形象思维为主，用"形"表征"数"的经验比较短缺。知识的逻辑起点是：已经教学了100以内的不进位、不退位加减法计算；多数学生对"送糖果"题型比较熟悉。因此，在教学过程中要尊重学生的起点，从学生立场出发展开教学活动。

▶ **说题过程**

◎　**以境切入，赋予意义**

（1）出示"送糖果"题型

姐姐有12颗糖，妹妹有6颗糖，姐姐给妹妹几颗糖两人的糖同样多？

（2）思考分析

①提炼数量关系：姐姐－（　　）＝妹妹＋（　　）

②画图分析：

姐姐：○○○○○○ ○○○○○○

妹妹：○○○○○○

③计算方法：12－6＝6（颗），3＋3＝6（颗）

④方法总结：先求相差数，再求相差数的一半。

（3）出示课本练习题

在同一个算式的（　　）里填上相同的数

30－（　　）＝22＋（　　）　　　51＋（　　）＝65－（　　）

（4）思维引导

引导学生对比上一题提炼的数量关系，"姐姐－（　　）＝妹妹＋（　　）"，和该题目在结构上存在相似之处。在指导学生给题目赋予情境意义的过程中使其明白该算式就是"送糖果"题型的抽象表征。

（5）方法迁移

学生在借助情境理解题目的本质后，总结方法：大数减小数，再将差分成相等的两份。

◎ **化繁为简，合情推理**

（1）猜想

遇到复杂问题时，可以从简单问题入手，寻找规律。让学生试着填一填，填完后再仔细观察，看能不能发现什么规律。引导发现：填进去的数正好是原来两数差的一半。继而提出猜想：是不是所有的算式都存在这个规律？

3＋（　　）＝7－（　　）　　　4＋（　　）＝8－（　　）

5－（　　）＝1＋（　　）　　　6－（　　）＝2＋（　　）

（2）验证

请每个学生任意写出一个该结构的算式，然后尝试解答，看看算式是否符合刚才的猜想。自主探究验证后引导发现：写出的算式都符合猜想中的规律，像这样的算式是写不完的。让学生经历不完全归纳法。

（3）小结

像此类题型的解题策略是：大数减小数，再将差分成相等的两份。

（4）应用

让学生应用前面发现的规律解决该问题，形成技能，建立模型，提升素养。

◎ **数形结合，探究本质**

"数缺形时少直观，形少数时难入微。"数与形在教学过程中总能互帮互助。引导学生思考"30－（　　）＝22＋（　　）""51＋（　　）＝65－（　　）"，这样的等式看起来很抽象，你能借助画图的方式让大家一下子就明白这个等式的含义吗？在教学过程中放慢教学节奏，带着学生一步一步理解，最终帮助学生形成直条图（如下图所示）。借助直条图，帮助学生厘清数量关系。从图中可直观地看出30与22的相差值就是2份的（　　），将抽象的算式变为形象的直条图，帮助学生明白此类题型的本质就是"移多补少"，最终提炼出解题方法"先求相差再均分"。

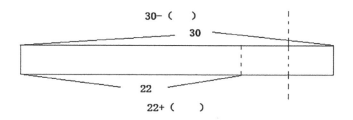

拓展延伸

◎ **基础练习**

在同一个算式的（　　）里填上相同的数。

67－（　　）＝37＋（　　）　　　28＋（　　）＝64－（　　）

11＋（　　）＝73－（　　）　　　46－（　　）＝38＋（　　）

在练习的基础上强化解题方法：等号左右是加减，大数减小数，再将差分成相等的两份。

◎ **变式练习**

在同一个算式的（　　）里填上相同的数。

9－（　　）＝（　　）－5　　　36－（　　）＝（　　）－28

引导学生模仿刚才探究问题的过程，将方法迁移，小组合作探究此类变式题的解题技巧，形成技能。

小结：等号两边是减号，首位、末位相加再分成相等的两份。

◎ **拓展练习**

在○里填上"＞""＜"或"＝"。

（1）A－45＝B＋45　　　　　　　　（2）B＋15＝A－15

　　　A○B　　　　　　　　　　　　　　A○B

符号意识的培养、代数思想的渗透一直是小学数学教学的难点。特别是该拓展练习选自课堂作业本的加星题，对大多数一年级的学生而言难度太大。但是放在这一题组训练中，因为有了前面的教学铺垫，所以学生在看到这种形式的题目时会自然联想到前面的题型和规律，就大大降低了解题难度。另外，把该题目放在掌握规律后的拓展练习部分，也能帮助学生完善此类题型的解决方案。这样的双向沟通、双向联系更有利于帮助学生建立模型。

▶ **解析点评**

　　核心素养具有整体性、一致性、阶段性特点，因此从核心素养立意的视角出发，对课本后面的每一道练习题，通过变式、改编、辨析等多元方法充分发挥课后习题的价值。在说题的策略上，我们应该引导学生多角度思考问题，挖掘数学本质，不要就题论题。要让学生经历知识的形成过程，重视过程体验和经验积累。虽然对一年级孩子来说模型意识的培育有一定难度，但是核心素养的培育不是一蹴而就的，需要我们一线教师在平时的教学过程中做到无痕渗透，久而久之，我们的孩子也就慢慢掌握了这样的解题策略和方法，为以后学习数学奠定基础，使其成为不断发展的人，体现数学独特的育人目标。

巧思共欣赏 好题相与析

三年级上册"组合图形周长"

▶ 说题目，明方向

◎　原题再现

本题选自人教版小学数学教材三年级上册第七单元"长方形与正方形"练习题，即第88页练习题十九第9题，是星号题，供学有余力的学生选做。

9* 下图中大正方形纸片的周长是
24厘米，小正方形纸片的周长
是12厘米。这两个正方形纸片
拼成的图形的周长是多少厘米？

通过审题与分析，我们发现这一题涉及的知识点及能力要求包括：
①认识周长，理解并清晰把握周长的概念。

②知道正方形的周长计算公式，并能灵活运用。

③在解决问题的过程中，增加分析、解决问题的意识，体验成功的乐趣。

◎ **设计意图分析**

本题旨在唤醒学生已有的周长概念的相关知识，引导他们通过观察大正方形边长、小正方形边长及重合部分进行思考、判断、转化，通过描一描、指一指每个图形的边界来找到这个组合图形的周长。这样的设计既便于诊断学生对周长的概念是否有清晰的认识，又能发展学生的空间概念与思维能力。

此题意在考查学生对周长概念的理解和掌握情况，即能否灵活运用正方形周长计算公式，也就是根据已知周长求出正方形的边长；能否借助平移等手段进行图形转化，进一步发展学生的空间想象能力，促进周长概念的精确分化。

◎ **设计背景分析**

人教版教材在周长的教学内容中安排了丰富的练习，有常规的通过周长公式计算周长，也有变式题，如已知周长和宽求"凹"字形、"凸"字形图形的周长计算，两个正方形或长方形拼接后的周长计算，比较两部分周长长短等。在学习了这些内容的基础上，设计本题，通过计算组合图形的周长，使学生进一步理解周长的含义。

▶ **说思想，提素养**

对于一道习题来说，求解过程虽然重要，但绝不能仅以解决问题为最终目标，更重要的是让学生在解题的过程中获得数学思想。本题蕴含着对数学素养的考查，如空间想象能力、观察思维能力、逻辑推理能力及运算能力等。

题目中没有直接告诉我们正方形的边长，而是要求学生通过周长求出正方形的边长，条件具有隐蔽性。两个正方形有重合部分，让学生观察想象，从中找出组合图形的实际周长。借助平移的方法，将求不规则图形的周长转化为求大小长方形的周长，复杂的问题简单化，培养了学生的空间想象能力和逻辑推理能力，在计算周长的过程中又训练了学生的运算能力。

▶ 说学情，谋对策

◎ 学生已有的知识经验

在一年级，学生早已认识了正方形，并知道正方形边的特点：四条边都一样长。在本单元，学生认识了四边形，利用尺子、折叠法等进一步探索了正方形的特点。学习了周长的知识，理解了周长的概念，会计算图形的周长。结合正方形和长方形边的特点，总结了它们的周长计算公式，并能灵活运用，解决生活中的问题。在此前的练习题中，学生已经完成了常规的周长计算题及相应的变式练习，积累了一定的学习经验。

◎ 学生可能会遇到的问题

学生缺乏计算组合图形周长的经验积累，容易将两个图形的周长简单相加求出拼组后图形的周长。这些错误都是学生周长概念模糊造成的。教学时，对于有困难的学生要指导他们描一描、指一指每个图形的边界，借助操作，强化认识，促进概念的精确分化。

▶ 说思路，巧思考

解决这道题目，首先要求出大小两个正方形的边长，即24÷4＝6（cm）和12÷4＝3（cm）。再观察图形，求出这个组合图形的周长。关于周长的求法，有以下几种方法，不同的方法也呈现出不同的思维层次。

1.中规中矩型

这个组合图形的周长是由大正方形的3条边长、小正方形的3条边长和1条大正方形与小正方形重合的边组成的（见图1），将这些边长逐条相加。6×3＋3×3＋（6－3）＝30（cm）。

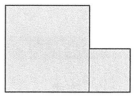

图1

2.移动边长型

通过平移两条边，将求这个图形的周长转化为求一个长（6＋3）cm、宽6cm的长方形的周长（见图2）。利用长方形的周长计算公式解决问题。（6＋3＋6）×2＝30（cm）。

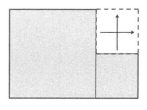

图2

3.多算再减型

这个组合图形由两个正方形拼成，那么它的周长就是两个正方形的周长减去重合部分（见图3）。重合部分为两条小正方形的边长。24＋12 — 3×2＝30（cm）。

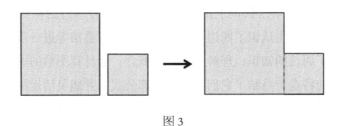

图3

4.少算再补型

通过平移小正方形的1条边长，这个组合图形的周长变为大正方形的周长加上小正方形的两条边长（见图4）。24＋3×2＝30（cm）。

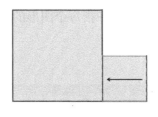

图4

教师在教学过程中应鼓励学生尽可能多地提炼解题方法，并进行方法的比较与优化，进一步巩固周长的概念，提高学生解决问题的能力。

▶ **说拓展，寻变通**

◎ **变式**

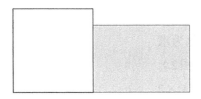

变式，是指对数学概念和问题进行不同角度、不同情形的变换，彰显概念的内涵和外延，突出问题的结构特征，揭示知识的内在联系。通过变式，可以加深学生对知识的理解和对方法的思考，使解题思维得到升华，从而达到举一反三的效果。本题的变式是丰富的，比如：

变式1：长方形长12cm、宽8cm，与边长为10cm的正方形组合成右边的图形，问组合后的图形周长是多少？

变式2：长方形长12cm、宽8cm，与边长为10cm的正方形组合成下面的图形，重叠部分边长刚好是正方形边长的一半，求组合后的图形周长是多少？

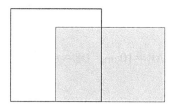

变式3：长方形长12cm、宽8cm，与边长为10cm的正方形组合成下面的图形，求组合后的图形周长是多少？

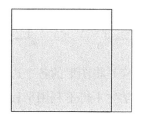

变式1在原习题的基础上将一个正方形改为一个长方形，尽管题目发生了变化，但是解题思路和方法与原习题相同。变式2和变式3都是图形的重合部分发生了变化，周长也随之改变。在求同存异的过程中，加深了学生对周长概念的理解，寻找不同方法内在的共同点，体会它们的简便性。

◎ **拓展**

拓展是在原习题的基础上总结一定的解题方法和经验，并推广应用到其他稍复杂的题目，本题的拓展练习是多种多样的。

拓展1：用多个长7cm、宽5cm的小长方形摆成下图，得到的图形的周长是多少？

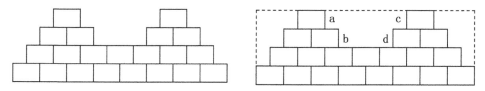

在原题中，学生已经有了通过平移巧求周长的经验。在此题中学生同样可以

运用平移的方法把不规则图形变成规则图形：将长方形的长、宽进行平移，得到1个大的长方形，其中宽a、b、c、d未平移，图形的周长为大长方形的周长与宽a、b、c、d的长度之和，就能比较容易地求出这个组合图形的周长。

但是相比原题，本题的图形更复杂了，对学生判定正确的周长的干扰更多了，学生需要平移的次数更多了，通过此拓展题进一步增加学生巧用平移解决周长难题的经验。

拓展2：如下图，已知AB＝10cm，DE＝6cm，FG＝2cm，AH＝4cm，求这个图形的周长。

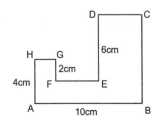 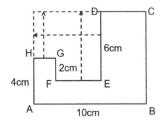

学生看到这道题的第一反应是将图形的各个边长加起来求和，而这样解题缺少了多个已知条件。这就要求学生不得不利用平移的方法来求这个平面图形的周长，但是平移以后学生也不能马上知道这个大长方形的宽有多长，需要进行对比思考，对学生的要求比较高。同时学生还需要将它与原来的图形进行比较，确定平移后周长有没有变化。学生需要在充分理解原题的基础上，进一步提升自己的解题方法。

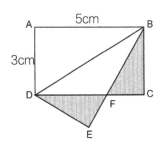

拓展3：如右图，长方形ABCD的长为5cm，宽为3cm。现将其沿对角线BD对折得到一个几何图形。试求图中阴影部分的周长。

经过前面的原题、变式和拓展练习，学生已经对利用平移巧求周长有了充分的体验，通过此题让学生体会到还可以通过翻折、转化等方法巧求周长。此题中通过翻折可以发现阴影部分的周长其实就是长方形的周长，使学生对周长的概念和巧求周长的方法体验更丰富。

▶ 解析点评

　　本案例从说题目、说思想、说学情、说思路、说拓展等几个环节出发，对这道练习题进行了拓展性阐述，使学生对这一题型有了进一步的认识与理解：这道题是基于周长的认识、周长的计算及灵活运用公式设计的，通过这样的练习，使学生进一步巩固周长的概念，同时在练习的过程中积累活动经验，培养学生的空间想象能力和转化这一数学思想方法。

　　从案例中可以发现，周长的计算不是学生学习的难点，只要学生对周长的定义有了清晰的把握，自然可以正确计算图形的周长。因此，对"周长"内容的教学有深刻的启示：教师应该在教学中重点建立周长的概念，增加度量单位累加的经验，淡化公式教学。把长方形、正方形的周长计算放在一般图形周长认识、计算的大背景中，从一般到特殊，为学习其他平面图形的周长奠定基础。一方面，学生感悟到长方形、正方形的周长计算方法源于边的特征，是一种算法的优化，而这样的算法优化也可体现在其他图形中。另一方面，对比不同图形的周长计算方法，寻找共性，进一步理解周长的本质。在测量曲边图形周长的过程中感受"化曲为直"的数学思想方法，初步培养学生的几何观念和空间观念。在学生对周长的定义透彻理解并且落实基础的长方形和正方形的周长计算后，进行常规、变式、拓展等一系列的求周长练习，除了掌握利用公式计算长方形和正方形的周长外，还能灵活地运用平移、转化、分解等方法巧妙地求一些复杂图形的周长，进一步巩固学生的周长知识。

落实等量代换　提升结构化思维

三年级上册"等量代换"

▶ 选题缘由

等量代换，指的是对一个量用与它相等的量去代替。这种思想，古已有之。在《几何原本》中，第一条公理就是"等于同量的量彼此相等"。在中国，"曹冲称象"的故事，更是将等量代换演绎得尽人皆知。

等量代换是一种基本的数学思想方法，也是代数思想方法的基础。但从其适用范围而言，把等量代换作为一种数学方法，或者说作为一种解题技巧，似乎更好理解。等量代换的知识在数学学习、研究中有着广泛的应用，它贯穿于数学学习的各个阶段，尤其是到了中学，使用更为广泛、频繁，可用来解多元方程、几何推理、函数等。因此，在小学阶段的数学学习中，渗入等量代换思想，训练等量代换方法，对学生今后的数学学习无疑是具有积极意义的。

对小学生来说，等量代换思想的渗透需要借助直观的学习材料和具体的生活情境。实际上，生活中有很多相等的量，如平衡的天平、跷跷板，两边的重量相等。我们可以根据这些相等的关系进行推理，进行等量代换，找到答案。

本题选自人教版小学数学教材三年级上册总复习，即第114页练习二十四中的思考题，通过说题达到以下目标：

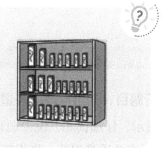

货架上摆放着大、中、小三种规格的牙膏。已知小盒牙膏每盒 50 克，每层摆放的牙膏总质量相同。大盒、中盒牙膏每盒各多少克？

①引导学生利用生活中的相等关系进行推理，让学生完成较复杂的等量代换。

②在数形结合代换的过程中培养学生的逆向思维和发散思维。

③在代换中锻炼学生的问题分析能力和推理判断能力

▶ **说前思辨**

◎ **题目分析**

本题是人教版小学数学教材三年级上册总复习练习二十四中的一道思考题。所谓思考题，往往是平常练习的拓展延伸，具有一定的综合性、挑战性。思维层次高的学生，兴趣更为浓厚，探索的欲望更为强烈；思维层级较低的学生，则畏难情绪更为突出。

◎ **学情分析**

三年级的学生已掌握一些简单的等量代换的基础知识，但推理能力和实践能力还比较欠缺。因此本题可让学生通过小组合作进行研讨，通过"画一画、摆一摆"的方法尝试解决问题。在学生遇到困难的时候适时提示："东西太多了不好想，能不能分步解决？""第几层和第几层先比较？""第一层和第三层相比，能否去掉一些相同的内容？"

◎ **指导策略**

学生想要解决此题，就应该有一定的分析问题的方法和策略，需要搭建好思维的桥梁，等量代换最核心的思想就是找到桥梁，比如曹冲称象，要算的是大象的体重，但古代没有秤能称出一头大象的体重，所以我们就通过石头作为"替代品"，再来计算大象的重量。通过摆一摆、画一画，让学生感悟到只要找到解决问题的可以量化的"桥梁"，题目就能迎刃而解了。

▶ 说题过程

◎ 分析题目，列出直观的等量关系

①结合图示，仔细读题，说说题目的意思。阐述题目的已知信息：小盒牙膏50g，每层牙膏总质量相等，将货架从上往下依次确定为第一层、第二层、第三层。

②通过观察每层的牙膏，初步列出等量关系式，将题目信息直观表现或记录出来。

A.文字分析

第一层：大	中	小	小	小	小	小	
第二层：中	中	中	小	小	小	小	小
第三层：大	小	小	小	小	小	小	小

B.画图分析

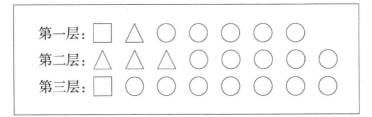

C.算式分析

1大1中5小＝3中5小＝1大7小

◎ 寻找等式，列出新的等量关系

①因为每层的牙膏一样重，而且每层牙膏数量太多，尝试分步解决，确定第

几层和第几层先比较。如第一层和第三层相比，可以去掉一些相同的内容。

第一层：大　中　小　小　小　小　小
第二层：中　中　中　小　小　小　小　小
第三层：大　小　小　小　小　小　小　小

从图中可知，由于每层牙膏总质量相等，去掉相同的"1大5小"后，第一层还剩1个中盒，第三层还剩2个小盒，即1个中盒的质量等于2个小盒的质量。那么求一个中盒的质量可以替换为求2个小盒的质量，已知1个小盒的质量是50g，则中盒的质量为100g。

②学生列出代换后的等量关系式。

③通过第一层和第三层的比较得出中盒的质量为100g，接着比较第一层和第二层。去掉相同的"1中5小"后，第一层还剩1个大盒，第二层还剩2个中盒，即1个大盒的质量等于2个中盒的质量。则大盒的质量为200g。

第一层：大　中　小　小　小　小　小
第二层：中　中　中　小　小　小　小　小
第三层：大　小　小　小　小　小　小　小

寻找用来代换的未知量，并代入已知量，是一个难度较大的环节，但学生已初步接触过等量代换的思想，解决"代换后的等量关系式"等问题的难度不大。尽管如此，让学生充分思考、交流、探讨还是很有必要的，这有助于学生解题思路的拓展。

◎　验算求证，总结规律举一反三

引导学生运用计算进行验证：

第一层：$200+100+50\times5=550$（g）

第二层：$100\times3+50\times5=550$（g）

第三层：$200+50\times7=550$（g）

学生成功解决等量代换问题后，教师应引导学生回顾整个学习过程，梳理出通过等量代换解决问题的基本步骤，体悟等量代换的精髓和价值。

除了上述"先比较第一层和第三层，再比较第一层和第二层"的思路外，还有其他思路，如将三层相同的内容全部去掉，可得出：1大1中＝3中＝1大2小，即1大＝2中，1中＝2小，随后以"中盒"质量为中间量，代换求出"大盒"质量。

第一层：大　中　<u>小　小　小　小　小</u>
第二层：中　中　中　<u>小　小　小　小　小</u>
第三层：大　小　小　<u>小　小　小　小　小</u>

◎　巩固练习，迁移拓展

此类问题确实有一定的难度。为了提高学生的解题能力，还可以设计以下不同层次的习题。

1.练习巩固

①根据下面两个算式，求△与○各代表多少？

$$△＋△＋△＋○＋○＝78$$
$$△＋△＋○＋○＋○＝72$$

分析：观察算式可知，它们都有相同的部分：2个△和2个○，用第一个算式减去第二个算式得到△－○＝6，如果将第二个算式的△都换成○，那么5个○＋2×6＝72，○＝12，再通过△－○＝6可知，△＝12＋6＝18。

②根据下面两个算式，求○与△各代表多少？

$$△－○＝2$$
$$○＋○＋△＋△＋△＝56$$

分析：由第一个算式可知，△比○多2；如果将第二个算式的○都换成△，那么5个△＝56＋2×2，△＝12，再由第一个算式可知，○＝12－2＝10。

2.拓展延伸

①1包巧克力的质量等于2袋饼干的质量，4袋牛肉干的质量等于1包巧克力的质量，1袋饼干等于几袋牛肉干的质量？

分析：根据"1包巧克力的质量＝2袋饼干的质量"与"4袋牛肉干的质量＝1包巧克力的质量"可推出：2袋饼干的质量＝4袋牛肉干的质量。因此，1袋饼干的质量＝2袋牛肉干的质量。

②1头象的质量等于4头牛的质量，1头牛的质量等于3匹小马的质量，1匹小马的质量等于3头小猪的质量。1头象的质量等于几头小猪的质量？

分析：根据"1头象的质量等于4头牛的质量"与"1头牛的质量等于3匹小马的质量"可推出："1头象的质量等于12匹小马的质量"，而"1匹小马的质量等于3头小猪的质量"，因此，1头象的质量等于36头小猪的质量。

通过等量代换法求出未知量，有以下两种方法：

第一种是倒推法。从问题出发，层层倒推，层层代换。这种方法在第一学段的等量代换问题中用得比较多。例如：已知1颗五角星等于3个三角形，每个三角形等于2个圆，问1颗五角星等于几个圆？我们可以把三角形用圆替换掉，把3个三角形都代换掉，就可以得到1颗五角星等于6个圆。

第二种方法是将题目中的某一种物品确定为"单位"，一般选重量最小的那个物品，然后其他物品都用这个质量最小的物品来度量，这其中蕴含着"用单位测量"的思想。这种方法在小学第二、三学段的等量代换问题中比较常用。

"等量代换"是解决数学问题时非常常见的思想，等量代换信息提取和概括阶段体现了"一一对应"和"数形结合"的数学思想，在"未知量"和"已知量"的代换过程中，学生的数学推理能力得到了提高，符号意识也得到了培养。除"等量代换"之外，还有"等量抵消"思想，即整体相等、部分相等，那么剩下部分也相等。当然，数学思想的形成，绝不是一节课或一道题可以实现的，它必须经过反复使用，不断强化，才能得到内化实现熟练应用，形成个人内在固有的思维方式，并在后续的学习中自觉地使用。

▶ **解析点评**

◎　**题目的选择与分析，搭建数学代换的"舞台"**

选择接近学生生活的例子，设置生活化的问题情境，学生结合生活实际思考问题，有利于学生加深对知识的理解与掌握，体会数学与生活的联系。对小学三年级学生而言，等量代换思想方法是抽象的，但通过一一对应，三种不同质量的牙膏之间的数量关系逐渐显现。这样"生活化"的数学问题，可以促使学生理解问题，对学习产生兴趣。

◎　**要素的提取与概括，打通数学代换的"桥梁"**

通过题目文本信息以及图片信息的解读，概括关键信息，引导学生找到"等量代换"的已知量和未知量。"已知量"是指被代换的对象，这个对象或许是题目已知的信息，或者是需要简单计算和推理得到的信息；"未知量"是指被代换的对象，它通常是问题情境中的直观的量，需要通过与它相等的另一个量代换后得到结果。信息提取后，为了更加直观地体现数量关系，可以用简单的数学符号或者图形概括，以简代繁，使学生体会数学语言表达的简洁美，有效突破思维的转换局限。在本题中，呈现了用简单文字（大、中、小）和简单图形（□○△）两种方式去表示大中小三种质量的牙膏，更加直观和简洁。

◎ **结构的拆分与转换，体会数学代换的"多变"**

在常规方法的基础上，为了凸显代换的精妙简便之处，可以补充和追加其他代换方法，引导学生转换思路，拓宽思维，发展学生的发散性思维，体会代换的趣味性。"多变"代换如果渗透得当，可以使课堂教学充满思考趣味，有效提高学生的逻辑推理能力。

整体而言，搭建数学代换的"舞台"，多用于"初步感知"和"联系生活"环节，意在为进一步形成抽象的基本代换思维奠定基础；打通数学代换的"桥梁"重在"形成思路"，多用于"自主探究""总结归纳"等环节，意在使学生思维经历"具体—半抽象—抽象"的全部过程，有感知内化的意味；体会数学代换的"多变"重在"思维拓展"，多用于"拓展提升"等课余兴趣环节，意在开拓学生的发散性思维。

数形结合 巧求图形面积

三年级下册"面积的秘密"

▶ 说题意

本题出自人教版小学数学教材三年级下册第五单元"面积"课后练习，即第63页练习十三第10题。

⑩ 一个长方形的菜园长 10 米，宽 5 米。现在菜园要扩建，长增加 2 米，宽增加 2 米，扩建后菜园的面积增加了多少平方米？

本题属于第二学段小学数学"图形与几何"中的内容。题目考查学生是否能将图形放入实际情景，根据题目要求画出图形的变化，由此发现面积变化的部分，通过观察发现图形变化后新出现的长方形，运用长方形面积公式计算出增加面积。本题要求学生对长方形、正方形面积计算原理及方法有深刻的了解且能熟练运用。新课标（2022 年版）要求学生会用数学的眼光观察现实世界，长方形

（正方形）面积计算教学要避免学生过早进入形式化计算阶段，此题的安排弱化了对计算的要求，让学生回归到图形，在注重计算能力的基础上培养学生的几何直观能力。

▶ **说思想**

此题解法多样，包含多种数学思想。

①化归思想：此题相较于之前的面积练习，形状更加复杂，但可以通过拆解将未知"L"形图形转化为已知的长方形，化繁为简。此题能使用化归的前提是增加图形部分本身比较工整，能较容易地切分出多个长方形或正方形，该方法的优点是结合数据直观明了，基础薄弱的学生会更加容易接受。

②数形结合思想：直接的面积公式与直观的图像结合，经过形象思维和抽象思维的共同协作，从复杂图形问题中发现最本质的特征，该题归根结底就是初始图形与新图形的量的变化。利用该思想，可以无视多变或不规则图形带来的拆解困难。

③转化思想：将未知的问题转化为已知的问题，通过对题目的分析归纳，发现可以将同时增加长和宽理解为先增加长再增加宽，改变思考步骤，在有前提条件铺垫的情况下降低理解难度。

▶ **说基础**

该题是在学生掌握了长方形、正方形面积计算公式后解决实际图形问题的一个习题。三年级上册"长方形和正方形"单元周长部分的课堂作业本中出现过类似题目，题干信息相似，问题从求图形增加周长变成求图形增加面积。学生已有一定的图形基础，但正处于学习面积计算公式的初始阶段，容易混淆面积与周长，作业设计旨在巩固学生对公式的运用以及通过对题意的分析培养学生的空间观念和逻辑思维。引导学生分析此题时要通过画阴影、摸一摸等方式，让他们明确此题求的是线还是面。

▶ 说过程

◎ 引入阶段

从简单题目引入：有一块菜园，长10m，宽5m，现在菜园扩建，长增加2m，宽不变，扩建后的面积增加了多少？

方法1：通过画图容易发现增加部分就是长方形，找到相应的长和宽就可解决，即$5×2＝10$（m^2）。

方法2：品读"增加"一词，发现"增加面积＝新的长方形面积－原长方形面积"，数量关系即$(10＋2)×5－10×5＝10$（m^2）。

以上两种思路是对后面解法的铺垫。

◎ 授课阶段

改变题干条件，由"长增加2m，宽不变"改为"长增加2m，宽增加2m"，引导学生发现题干发生变化，通过画图对比、讨论探究，结合引入题型，得到以下三种方法。

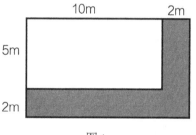

图1

1.直接法

通过对比图形前后变化，发现阴影部分为增加面积，"增加面积＝新的长方形面积－原长方形面积"，数量关系仍然成立。因此只要能找到新的长方形的长与宽，就能计算出增加面积（如图1所示）。

原长方形面积：$10×5＝50$（m^2）

新长方形长：$10＋2＝12$（m），新长方形宽：$5＋2＝7$（m）

新长方形面积：$12×7＝84$（m^2）

增加面积：$84－50＝34$（m^2）

2.叠加法

与引入题相比，信息变化不大，细致的学生在画图过程中会发现，本题A部分就是在上面一题的增加部分，在准备题基础上宽再增加2m出现B部分，通过观察得到新的图形是长

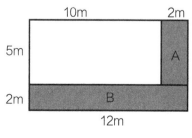

图2

12m、宽2m的长方形，要计算增加的面积，把增加的两个长方形面积累加起来即可（如图2所示）。

A部分面积：5×2＝10（m²）

B部分长：10＋2＝12（m）

B部分面积：12×2＝24（m²）

增加面积：10＋24＝34（m²）

3.切割法

让学生在原有长方形基础上画出新的长方形，将大长方形内部原长方形的宽和长用虚线延长并与大长方形相交得到图3中的C、D、E三部分，然后让学生找出并观察面积增加部分，发现面积增加部分可以被划分为2个大小不一的长方形和1个正方形，利用长方形对边相等的性质找到这些图形的各边长度，利用面积公式分别求出三个图形面积，最后求和。

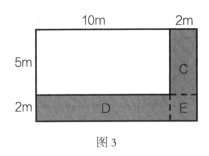

图3

C部分面积：5×2＝10（m²）

D部分面积：10×2＝20（m²）

E部分面积：2×2＝4（m²）

增加面积：10＋20＋4＝34（m²）

师生共同总结归纳易错点和难点。最后将问题抛给学生：你喜欢哪种解法？为什么？得出结论：直接法解决这类问题比较简便，叠加法适合在有一定前提下使用，分割法在分割图形数量少时适合。

◎ 巩固阶段

将情景改为"一个边长为7m的正方形的菜园要扩建，长增加2m，宽增加2m，扩建后的菜园面积增加了多少？"学生通过画图、观察、分析，得出结论，发现虽然数据发生变化，但解题思路与上面三种方法一致。本阶段主要考查相同题型，学生是否真的理解并会运用解题方法。

◎ 拓展与变式

1.拓展

妈妈有一块长20cm、宽15cm的纱布，现在要把长边裁短8cm，宽边裁短5cm，这样会浪费多少纱布？

该题由原来的增加变为缩短，同时学生要能理解浪费就是减少，所以浪费面积＝原长方形面积－新的长方形面积。在解答本题时，叠加法和切割法的解题方法与原来相似，只是原来是增加长方形，现在则是减少长方形。

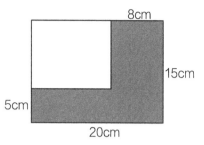

变式的设计是将原来往外扩的长方形变为向里缩的长方形，学生通过读题无法直观发现此题本质与原题类似，因此需要再次引导画图。当图像出现后学生就会发现草图基本与原题相差不大，只需将原本的加面积改为减面积。在这个过程中也在逐渐培养了学生的自主画图能力。

2.改编

有一个长6m、宽4m的长方形花坛，长边靠墙，要在它的四周铺上宽1m的石子路，石子路的面积有多大？

原题只是长方形进行两个方向的扩展，现在改为向三个方向扩展，还增加了墙体这个干扰因素，进一步增加了分析难度，迫使学生习惯用画图分析问题，经过画图得到下图。

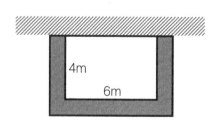

发现和原长方形相比，新长方形宽边增加2个1m，长边增加1个1m，通过直接法和分割法都能较快得到结论。

板书分为三部分，第一部分为标题"面积的秘密"，第二部分为分析图，第三部分是计算。从左往右依次是进入原题的三种具体解题思路，接着是拓展题与改编题，但只书写简便的情况。图形与算式上下对应。具体如下：

面积的秘密

| 直接法： | 叠加法： | 分割法： | 改编： | 拓展： |

计算部分

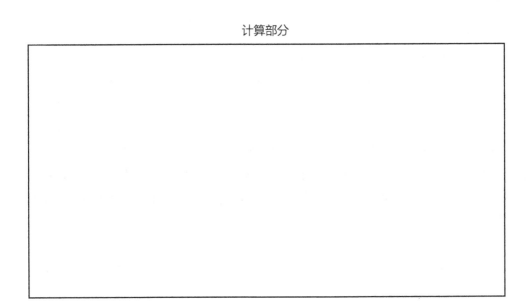

▶ **解析点评**

本题解答思路以图像为中心围绕两条线路展开：第一条线路是从整体角度观察问题，弱化局部非基本图形带来的影响。第二条线路是深挖局部，将非常规图形通过拆解变为多个常规图形组成的组合图形。由于三年级学生只学习了长方形和正方形的面积计算方法，题目变化不多，但在高年级学过其他图形后，将多种图形结合，题目的可变性就大幅增加，但许多问题本质仍与本题无异，在低年级熟练掌握基本解题策略，不仅能促进学生的空间观念，提高问题分析能力和实际问题解决能力，还能为以后学习其他平面图形如平行四边形、三角形、梯形、圆形的面积计算打下基础，有助于学生在后续复杂问题中也能具备通过多种方法解决问题的能力。

以操代训 促研促思

四年级上册"买几送一"

▶ 选题缘由

本题选自人教版小学数学教材四年级上册第六单元"除数是两位数的除法"复习题，即第91页"整理和复习"第4题。

176元最多能买多少棵这样的树苗？

这是一道跟生活密切相关的问题，引导学生在实际购物过程中明白"买几送一"实际上就是打折购物理念的初步渗透，主要培养学生解决实际生活问题的能力。

这道题目对四年级的学生来说具有一定的挑战性的，本题的重点在于弄清赠送的棵数是多少，只要知道赠送的棵数就能求出176元能买到的棵数。在让学生自主尝试解决这个问题的过程中，只有少数同学拥有完整的思路并能准确表达。还有一部分学生在列出算式"11÷3＝3（组）……2（棵）"的过程中，没有完全理解算式的意思，把余数的2棵作为赠送的树苗。还有个别同学将"买3送1"看成整体进行计算：11÷（3＋1）＝2（组）……3（棵），没有真正理解如何按"买3送1"进行赠送。还有些孩子止步于算出11棵树苗，对接下来如何解答没有了思路。

▶ 说前思辨

新课标（2022年版）指出需增加操作性学习、研究问题的机会，希望培养学生的数学思考能力，拓展他们的知识体系，全面提升学生的创新能力、应用能力、实践能力以及解决实际问题的能力。"买几送几"是人教版四年级上册第六单元"除数是两位数的除法"中出现的数学问题，同时在六年级下册第二单元"百分数（二）"中与"打折"及"满减"等市场促销方式一起出现。通过研究此类题目可以更好地体现数学的应用价值，提高学生解决实际问题的综合能力，体验学习数学的乐趣。

在解决这个问题之前，学生已经能熟练计算除数是一位数、两位数的除法。同时四年级的学生已经具备了一定的解决问题经验，能够初步理解"买几送一"的含义。本题不仅能让学生运用已有知识解决问题，又能发展学生思维，让学生体验到学习数学的应用价值。

▶ 说题过程

◎ 激发经验，理解题意

首先，需要激发学生的生活经验，帮助他们更好地理解题目的含义："同学们，你们去过商场吗？商场里经常会有各种各样的促销活动，你们感兴趣吗？今天我们就要解决一道'买几送一'的实际问题。"引导学生读题并找到数学信息和问题。

在学生读题后提问："买3棵送1棵是什么意思呢？"让学生理解"买3送1"就是花3棵树苗的钱，得到4棵树苗。在此基础上追问："买2棵、买4棵、买5棵，有什么区别？"让学生理解"买3送1"的含义：是每满3棵才赠送1棵。

◎　**合作交流，分析解答**

基于本题思维含量较高，让学生先凭借自己的理解和生活经验初步尝试解决之后全班反馈。

1.预设1

先计算不优惠的情况下176元能买几棵这样的树苗。算式：$176÷16＝11$（棵）。再考虑买11棵能赠送几棵？由题意可知：买3棵送1棵，那么只要知道11棵里有几组3棵就能算出赠送了几棵。算式：$11÷3＝3$（组）……2棵，一共3组，就能赠送3棵，那么能买到的总棵数是：$11＋3＝14$（棵）。

通过这样的分析，部分学生处于一知半解的状况。为了让学生看得更清楚，引导学生将这种方法绘制成图（见下图）。让学生结合图示，再一次说一说每个算式的意思。

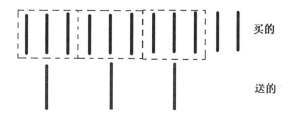

2.预设2

既然是"买3棵送1棵"，那么买（3＋1）棵，实际只需要付3棵树的钱。先计算3棵树苗需要多少钱：$16×3＝48$（元）。而48元实际是可以得到（3＋1）棵的。再计算176元能买这样的几组：$176÷48＝3$（组）……32（元），所以3组实际得到的是$3×（3＋1）＝12$（棵）。剩余的32元还能买$32÷16＝2$（棵），没有赠送。所以实际上能买到$12＋2＝14$（棵）（见下图）。

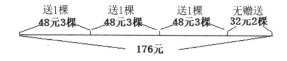

◎ **对比异同，剖析本质**

引导学生比较两种解题思路的异同：预设1是将实际得到的11棵树苗，每3棵看作一组，进而算出赠送的树苗棵数。预设2是将（3+1）棵树苗的价钱看作一组，求出可以买几组树苗。无论是哪种方法都需要牢牢把握住"买3棵才能赠送1棵"这一要点。

◎ **巩固练习，迁移拓展**

题目的情景还是以"每棵树苗16元，买3送1"为基准，在此基础上提出了以下三个新问题：

①160元最多能买多少棵？

本题跟例题是同类型的题目，主要的目的是让学生能够更好地巩固所学知识。在解决的过程中，放手让学生自主完成，再全班交流反馈，加深理解。

②王伯伯计划买15棵树苗，他实际能得到几棵？每棵比原来节省多少元？

对学生而言，这题更为抽象，更加要求学生全面、有序地进行分析。本题的挑战点在于：购买15棵树苗，实际上能获得几棵树苗；分析为什么树苗便宜了。引导学生理解因为花15棵树苗的钱实际上得到的是20棵。用15棵的总价除以20棵，就能求出现在树苗的单价，进而求出每棵树苗节省了多少元。解题思路：先计算15棵树苗的总价：$15 \times 16 = 240$（元），而购买15棵树苗实际能得到的树苗是$15 \div 3 = 5$（棵），$15 + 5 = 20$（棵）。那么花240元实际得到20棵树苗。树苗实际单价：$240 \div 20 = 12$（元）。每棵节省了$16 - 12 = 4$（元）。

当然在解决问题之后也需要引导学生对比该题跟前题的相同点，进一步帮助学生巩固解题思路。

③买12棵至少需要多少钱？

跟上述两题不同的是，解决这题的时候需要将"买3送1"看成一个整体。通过逆推的方法，求出买12棵树苗实际上只需要付9棵树苗的钱。通过本题的解决，打破了学生的固有思维，无论是已知实际花钱的棵数求实际得到的棵数，还是通过实际得到的棵数反推出实际花钱的棵数，学生都能够分析解决。

▶ **解析点评**

　　解决"买几送一"这类实际问题，关键是搞清楚数量，分组是为了更好地帮助学生由优惠前购买的数量推算出实际购买的数量。当然，有时候思路也会反向进行，由优惠后购买的数量推算出优惠前购买的数量。一旦把这个问题搞清楚了，那么这类问题就变成了最基本的价格问题。数形结合，引导学生借助图形更直观地去理解。在后面几道问题的补充之下，又进一步打破了学生的固有思维。有时候需要将"3棵"看成一组，有时候需要将"买3棵送1棵"看成一组。如何区分这种思维，其实在一次次对比中就能总结出相关规律。

探索趣味古题 深化模型建构

四年级下册"百僧百馍"

▷ **背景分析**

◎ **题目背景**

本题选自人教版小学数教材学四年级下册第九单元"数学广角——鸡兔同笼"练习题，即第102页练习二十四思考题，是"百僧百馍"的数学趣题，题中的"鸡兔同笼"的模型渗透可以帮助学生"学会用数学的语言表达现实世界"。

我国古代数学名著《算法统宗》中记载了一道有趣的"百僧百馍"问题。

一百馒头一百僧，大僧三个更无争。
小僧三人分一个，大小和尚各几丁？

100个和尚吃100个馒头。大和尚一人吃3个，小和尚3人吃一个。大、小和尚各多少人？

168

中华传统文化博大精深，我国古代数学趣题就是其中一颗明珠。我国流传着许多趣味古题，此类题目把枯燥的数学问题用诗歌形式表现出来，朗朗上口，很受大众欢迎。将古题引入数学课堂，既能激发学生的学习兴趣，也能通过朗朗上口的文字，培养学生认真阅读的习惯，同时让学生感受数学与其他学科之间的紧密联系。新课标（2022年版）对学生提出"会用数学的眼光观察现实世界，会用数学的眼光思考现实世界，会用数学的语言表达现实世界"的要求。

◎ **题目分析**

"鸡兔同笼"问题是我国民间广为流传的数学趣题，最早出现在《孙子算经》中。学生一方面通过生动有趣的古代数学问题感受我国古代数学文化，另一方面也能了解解决问题的不同方法和策略，包括：猜测、列表、假设等，初步培养了猜想、有序思考及逻辑推理的能力。在解决问题的过程中，学生对"鸡兔同笼"问题模型的认知也已逐步建立。

①假设两个量都变成其中一个（全是鸡或兔）；

②求出假设与实际相差的量（全是鸡时脚的数量或全是兔时脚的数量，与实际脚的数量相差多少）；

③每替换一个相差的量［把一只鸡假设成一只兔子，相差的脚数：$4-2=2$（只）］；

④相差的总量与每替换一个相差的量相除就是被替换的个数（相差的总脚数除以2就是替换的个数）。

配合"鸡兔同笼"问题，教材在"做一做"和练习中，一方面编排了类似的习题，例如"龟鹤问题"，另一方面还设计编排了生活中的一些实际问题，例如购物、租船等。学生尝试将模型运用于实际，初步具备了一定的应用意识和实践能力。

这道"百僧百馍"问题是作为一道思考题出现的，所谓思考题，往往是平常练习的拓展延伸，具有一定的综合性，因此在解答这道题时不应局限于问题的答案。其真正的价值在于让学生获得、调整或改造一定的解决问题的经验和策略，让不同的学生在数学学习上得到不同的发展。

▶ 说题过程

◎ 剖析题目，说清解法

1.阅读与理解

读题可知：

①大和尚人数＋小和尚人数＝100（人）；

②大和尚人数×3＋小和尚人数÷3＝100（个）；

③100个和尚刚好把100个馒头分完，3个小和尚共吃一个馒头，所以小和尚的人数应该是3的倍数。

2.分析与解答

（1）思路一：逐一列表法

因为"大和尚人数＋小和尚人数＝100（人）"，引导学生有序逐一假设小和尚的人数，直到找到正确答案。学生在尝试逐一列表时发现"小和尚的人数应该是3的倍数"，所以可从假设小和尚有3人，大和尚有97人开始，列出需要的馒头数量与实际馒头总个数（100个）比较……

小和尚人数	3	6	9	12	15	…	75
大和尚人数	97	94	91	88	85	…	25
需要馒头数量	292	284	276	268	260	…	100
和100个馒头比较	多192	多184	多176	多168	多160	…	正好

通过逐一列表，可以求出大和尚有25人，小和尚有75人。

【方法评价】虽然这种逐一列表的方法比较麻烦，但有序的列表可以使学生经历数据逐一调整变化的过程，过程中可以发现"每次增加3个小和尚、减少3个大和尚后，需要的馒头数量都会减少8个"，这个发现是用"推理假设法"解决此题的基础。

（2）思路二：跳跃列表法

传统列表法适用于数字较简单的情况，如果遇到数字较大，如"千僧分馍"或"万僧分馍"，就不太适用了。怎样优化方法，可以不需要每种情况都尝试？

引导学生列表时大胆猜测，适当调整。可以随意从中间位置开始，例如大和尚有40人，小和尚60人，则馒头有140个，显然大和尚人数太多了。所以，40以上的数，甚至30以上都不必列在表中了。这时把大和尚数量减少约一半，当然这里也要注意小和尚的人数必须是3的倍数这个隐含条件，大和尚人数为20人时就不符合要求。猜测大和尚22人，需要馒头92个，答案很接近要求了，再次调整，把大和尚定为25人，得出正确答案。

大和尚人数	…	40	20	22	…	25
小和尚人数	…	60	80	78	…	75
需要馒头数量	…	140	×	92	…	100

同理，如果是从小数字开始猜测、调整，同样可行。

【方法评价】这种方法可以称作"猜测列表法"，相对"逐一列表法"逻辑性更强一些，在多次尝试调整的过程中找到符合条件的数据。

（3）思路三：推理假设法

在学习及练习"鸡兔同笼"问题后，假设法已经深入学生心中，思路如下：

①假设：100人全是大和尚，需要馒头100×3＝300（个）；

②比较：和馒头的实际数量比，多了300－100＝200（个）；

③思考：为什么会多200个馒头？

④推理：因为有小和尚被换成了大和尚，"3个小和尚才吃1个馒头，1个大和尚就吃3个馒头"，所以每次把3个小和尚换成3个大和尚，需要的馒头就会多出"3×3－1＝8（个）"（见下图）；

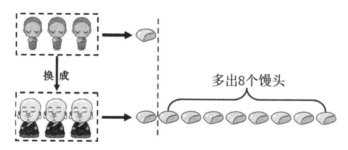

⑤推理：现在多出200个馒头，说明像这样把"把3个小和尚换成3个大和尚"一共换了"200÷8＝25（次）"；

⑥计算：25×3＝75（人）……小和尚人数

100－75＝25（人）……大和尚人数

【方法评价】引导学生将"鸡兔同笼"模型应用于实际，解决"百僧百馍"问题方便快捷，受限较小，值得推广。因此，在推理假设法基础上进行模型的建立不仅有助于学生牢固掌握假设法，也能促进学生深化模型的建构。

（4）思路四：转换假设法

①转换题目：因为"3个小和尚才吃1个馒头"，所以我们不妨把每个馒头都先平均分成3个小馒头，这样一共就有100×3＝300（个）小馒头，每个小和尚吃1个小馒头，每个大和尚吃3×3＝9（个）小馒头，还是100个和尚，求大小和尚各有几人？

②假设：100人全是小和尚，需要小馒头100×1＝100（个）（也可以假设全是大和尚）；

③比较：和小馒头的实际数量相比少吃了300－100＝200（个）；

④思考：为什么会少吃200个小馒头？

⑤推理：因为有大和尚被换成了小和尚，1个大和尚被换成1个小和尚就少吃9－1＝8（个）小馒头，现在一共少分了200个小馒头，这200个小馒头若继续分给大和尚，每人还要分8个，所以大和尚有：200÷8＝25（人），小和尚有：100－25＝75（人）。

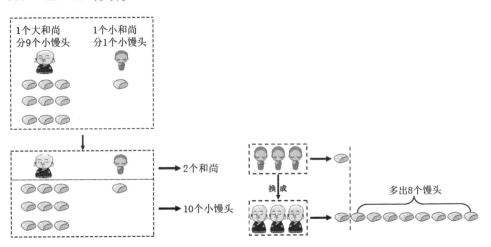

【方法评价】"大和尚1人吃3个，而小和尚3人吃1个"，不方便看出其中相差的量，但将其转化成"小馒头"，那么其中的数量关系就非常明晰了，即1个小和尚吃1个小馒头，1个大和尚吃9个小馒头。随即按照模型假设推理即可。

（5）思路五：分组结合法

《算法统宗》里对"百僧百馍"问题的解法是这样的："置僧一百名为实，以三个一个并得四个为法除之，得大僧二十五人，于总僧内减大僧余七十五人为小僧。"这里的"实"是指"被除数"，"法"是指"除数"，解题过程是：

100÷（3＋1）＝25（人）……大和尚人数

100 － 25＝75（人）……小和尚人数

《算法统宗》介绍的这种算法可以称为"分组法"，我们可以通过下面这幅图来理解这种解法。

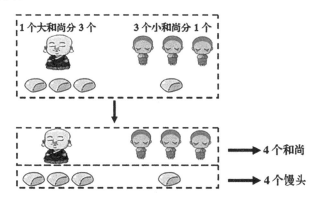

1个大和尚和3个小和尚4人刚好共吃了4个馒头。那么我们只要以"1个大和尚和3个小和尚"为一个整体进行分组，可得100÷4＝25（组），就可以算出大和尚有1×25＝25（人），小和尚有3×25＝75（人）。

【方法评价】这种方法非常简便，但遗憾的是这种"分组法"只有当"大小和尚数和馒头的总数"之间存在某种特定关系（比例）时才可以使用。例如，我们把馒头的数量改成92个："100个和尚吃92个馒头。大和尚1人吃3个，小和尚3人吃1个。问大、小和尚各多少人？"此时再用"分组法"就无法得到正确的结果了。

3.回顾与反思

验证得到的结果，引导学生对方法进行对比，强化模型。

方法	特点	数学思想
逐一列表法和跳跃列表法	直观	猜测、有序思考
推理假设法和转化假设法	方便快捷，受限小	模型思想、转化推理
分组结合法	有局限性	

这几种方法思维层次由简到难，逐步递进，多种解法背后蕴含的思想方法对培养学生数学核心素养有着积极意义。由于学生已有了"鸡兔同笼"的模型基础，因此往往倾向于使用推理假设法和转化假设法去解决"百僧百馍"问题，"分组结合法"对学生来讲稍显突兀，理解难度略大。"百僧百馍"的假设法本质

上也是"鸡兔同笼"问题，之前的学习和练习如果对学生来讲是"感知模型"和"建立模型"，本题则是在教学中巩固假设法的使用，强化模型（见下图）。

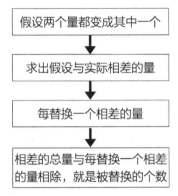

"鸡兔同笼"问题属于一类问题的总称，本题的教学带领学生深度探究问题实质，强化模型，并在实际问题解决中进行运用，让学生进一步领悟数学模型思想，实现掌握解法同时领悟数学思想方法，培养数学核心素养的教学目标。

◎ **练习巩固 延伸拓展**

1.基础练习

问题1："一千官军一千布，一官四尺无零数；四军才分布一尺，请问官军多少数？"（出自《算法统宗》）（意思是：1000名官兵分1000尺布，1名军官分4尺，4名士兵分1尺，正好分完，求军官和士兵各有几人？）

问题2：五年级师生共80人去植树，老师每人种3棵，学生每3人种1棵，正好种了80棵树。求老师和学生各有几人？（植树问题）

2.设计意图

这两道题基本和"百僧百馒"题目一致，只是情境不同，学生可以巩固假设法和分组法的使用。

3.拓展提升

问题3：九头鸟有九头一尾，九尾鸟有九尾一头，现有头580个，有尾900条，问九尾鸟有多少只？九头鸟有多少只？（九头鸟和九尾鸟）

4.设计意图

此题属于"鸡兔同笼"问题，等量关系稍复杂，可以先求出它们的总只数，再利用假设法进行解答。由题目可知，无论什么鸟，每只的头数和尾数之和都是10，而总的头数和尾数之和是900＋580＝1480，所以鸟的总数是1480÷10＝148

（只），之后再用假设法解答即可。

▶ **解析点评**

◎　**知识结构：从"要素沟通"走向"模型建构"**

将"联系"的观点贯穿教学全过程，可以将各知识要素联结起来，在联系建构中建立起数学模型。通过沟通画图、列表、假设三种方法的内在联系，感悟初步的问题模型；从初步感悟的数学模型演绎，再到具体的各种生活情境中解决实际问题，实现知识的自主迁移，从而由要素沟通过渡到模型构建。

◎　**情境迁移：从"举一反三"走向"举三反一"**

针对学生不能迁移解决生活中类似"鸡兔同笼"的问题，教师可以将问题模型演绎到各种生活现象和问题情境中，借助解决生活中的实际问题强化模型思维，促进思维建构。"举三反一"是指问题解决后的理解、感悟、抽象、概括，形成某种数学思想方法。"一"是指习得问题解决的一种方法，"三"是指用习得的方法迁移到相似情境中解决一类问题。从鸡兔同笼中习得基本假设，用推理方法解决生活中各种"鸡兔同笼"问题，实现知识迁移。学生在解决各种问题的过程中完善方法，完善基本的问题模型。

◎　**认知体验：从"问题解决"走向"思维建构"**

实践证明，学生经过一段时间之后会或多或少地将知识遗忘，但运用学习到的思想方法，对解决具体实际问题和提升思维品质，具有重要的现实意义；同时通过解决生活中"鸡兔同笼"问题这一类问题，在解决生活实际问题中内化基本的数学模型，从而逐步从问题解决走向思维建构。

关注问题解决　提升思维能力

五年级下册"最小公倍数"

▶ 选题缘由

最小公倍数属于小学数学中"数与代数"主题的内容，与日常生活关系密切。本题为人教版小学数学教材五年级下册第82页练习二十第10题，学生正确率低，甚至会出现"无从下笔"的现象。

10* 果农准备将一批石榴进行分装。如果每8个装一盒，会剩下3个；如果每9个装一盒，也会剩下3个。这批石榴至少有多少个？

▶ 说前思辨

◎　教材分析

本习题所涉及的数学概念为"最小公倍数"，属于概念的应用。"最小公倍数的实际应用"编排在人教版小学数学教材五年级下册第四单元"分数的意义和性质"中。在此之前，学生已经学习了"因数和倍数""质数和合数""最大公因数""公倍数""最小公倍数"以及分数的意义和性质等。最小公倍数的实际应用是对前面知识的综合，也是基于深度理解后对概念的运用。

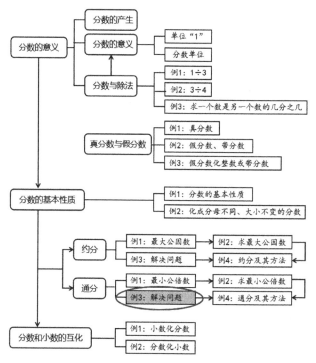

◎　题目分析

结合浙江省小学教育质量监测中对"问题解决"能力的关注和小学生应具备的能力指标(见下表)。本题指向的问题解决能力主要对应二级能力指标中的"信息收集与解读""关系分析与表征""对已有结果做出理解、反思和评判"等。

能力指标	
一级能力指标	二级能力指标
信息获取与梳理	信息收集与解读
	基于信息提出问题
数量关系的理解	关系分析与表征
	算式理解与问题识别
过程设计与执行	思维有条理与有序
	数学语言与规范

续表

能力指标	
解题策略与创新	策略应用
	方法独特
结果反思与评价	对已有结果做出理解、反思和评判
	提出新的数学问题

◎ **学情分析**

根据单元整体编排的内容可知，学生已对"公倍数和最小公倍数"的概念形成了初步认知，学习了求公倍数的多种方法，并积累了一些数学经验。但为什么学生无法应对本题？是对"最小公倍数"的概念和计算方法掌握不到位，还是无法将实际问题转化为"最小公倍数"的数学知识？对此，我们做了学情调查，结果见下表。

调查对象	五（5）班44人		
调查形式	问卷调查		
调查题目	设计目的	调查结果	学生情况
1.求12和8的最小公倍数，写出你的思考过程	了解学生对"最小公倍数"概念的掌握情况	错2人，正确率为95.45%	学生用到了列举法、大数翻倍法、分解质因数法等方法
2.华华把一包糖果分给小伙伴，不论是分给6人，还是分给8人，都正好分完，没有剩余。这包糖果至少有多少颗？写一写、画一画，表示出你的思考过程	1.提供操作支持，看看学生的解题策略 2.学生能否用最小公倍数的方法解决问题	错10人，正确率为77.27%	其中有23人直接求最小公倍数，有11人用画图进行表征。错误的人中有7人在求解最大公因数，3人直接将8和6相乘
3.有铅笔若干支，每8支装一盒，多了3支；每12支装一盒，也多3支。铅笔至少有多少支？把你的想法写下来	1.学生能否提取信息，从实际问题中抽象出最小公倍数问题 2.学生能否用最小公倍数的方法解决问题	错28人，正确率为36.36%	错误的人中，有3人求出了12和8的最小公倍数；有7人采用画图凑的方法，但没有得到结果；有2人写明不知道多3人怎么办；有3人采用（12+8）×3；有1人用12×8+3+3；有12人交了空白卷

根据学情调查可知，学生对求解最小公倍数的方法掌握较好；对第二题没有余数的情况时，学生能够根据情境将实际问题转化为最小公倍数的数学问题进行解决。其中有7人与之前的铺砖问题混淆，求的是最大公因数。面对第三题有余数的情况，学生没有出现求最大公因数的错误，但学生很难将本题与最小公倍数的知识联系起来。因此，本类题的难点是学生无法将实际问题转化成对应的数学问题。

基于上述内容，如何培养学生用数学的眼光观察世界，从生活情境中抽象出数学问题并灵活运用数学概念解决问题是教学本题的关键和价值。

▶ 说题过程

◎ 理信息，找关键，说思路

基于对题目和学情的分析，本题适合从剩余的数量入手。如果都剩余0个（恰好分完），题目变为："果农准备将一批石榴进行分装。每8个装一盒，每9个装一盒，都恰好分完。这批石榴至少有多少个？"由此容易将石榴的总数与公倍数进行关联。既能被8整除，又能被9整除；也就是求既是8的倍数又是9的倍数，求8和9的公倍数。题目中的"至少"一词，说明了这个数要最小，所以就是求8和9的最小公倍数。

再根据分装的石榴都剩下3个，就是在能被8和9整除的情况下又多3个，就需要转化为"比8和9的最小公倍数多3"。

◎ 想联系，说方法，理板书

提取题目的信息，由"如果每8个装一盒，会剩下3个；如果每9个装一盒，也会剩下3个。这批石榴至少有多少个？"联系到熟悉的数学概念，由此想到其实就是找一个能被8和9整除余数为3的最小被除数。

用符号表征，即（ ）÷8＝（ ）……3；（ ）÷9＝（ ）……3。因为被除数和商都不知道，因此无法找到这个数。

由此引导学生尝试列表枚举的方法。每8个装一盒，会剩下3个，因此可以先用11、19、27、35……来尝试；同时要符合每9个装一盒，也剩3个，可以用12、21、30……来尝试。试到75，发现既能被8整除余数为3，又能被9整除余数为3（见下表）。

每8个一盒的盒数	总数	每9个一盒的盒数	总数
1	8×1＋3＝11	1	9×1＋3＝12
2	8×2＋3＝19	2	9×2＋3＝21
3	8×3＋3＝27	3	9×3＋3＝30
4	8×4＋3＝35	4	9×4＋3＝39
5	8×5＋3＝43	5	9×5＋3＝48

续表

每8个一盒的盒数	总数	每9个一盒的盒数	总数
6	8×6+3=51	6	9×6+3=57
7	8×7+3=59	7	9×7+3=65
8	8×8+3=67	8	9×8+3=75
9	8×9+3=75	9	

列表法解决了问题，但是过于烦琐。由此思考余数都是3，可以先考虑找到一个数再加上3。于是由能被8整除又能被9整除就是求8和9的公倍数。8和9互为质数，求两个质数的最小公倍数可以采用两数相乘的方法求得，即8×9=72，因此[8,9]=72。再根据还剩下3个，得到72+3＝75。对比余数为0和余数为3，引导学生发现不管余数是几，只要余数相同，都是将问题转换成求两个数的最小公倍数，再加上余数。

本题中的关键是对信息的获取与梳理，因此板书中将题目的条件和问题分两条路径呈现（见下图）。问题中的关键词"至少"联系到"最小"。将条件中的"每8个装一盒，会剩下3个；每9个装一盒，也会剩下3个"，拆分成两块信息，即"每8个装一盒，每9个装一盒"和"都剩下3个"，再与已学知识进行联系重构本题，得出问题是求"两个数的最小公倍数"。由此帮助学生实现数学能力的提升。

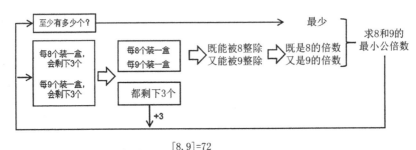

$$[8,9]=72$$
$$72+3=75（个）$$
答：这批石榴至少有75个。

◎ **夯基础，重应用，强拓展**

1.巩固练习

果农准备将一批梨进行分装，如果每5个装一盒，会剩下2个；如果每6个装一盒，也会剩下2个；如果每8个装一盒，还是剩下2个。这批梨至少有多少个?

本题是教学后的巩固练习,余数相同,本质是求三个数的最小公倍数。虽然从两个数的关系增加到三个数的关系,但是方法不变,让学生进一步意识到只要余数相同,不管怎么变都是先求解最小公倍数。

2.拓展练习

有一筐鸡蛋,5个、5个地数多4个,8个、8个地数多7个,这筐鸡蛋至少有多少个?

本题突破原有的余数相同的情况,设计了余数不同的假设,引导学生观察此时的余数有什么相同点。从而发现尽管余数不同,但是余数和除数之间相差的都是1,思考到可以通过先求5和8的最小公倍数,再减去1就解决了"至少有多少个"。

3.提升练习

淮安民间流传着一则故事——"韩信点兵",成语"韩信点兵,多多益善"就来源于此。韩信带1500名士兵打仗,战死四五百人,站3人一排,多出2人;站5人一排,多出4人;站7人一排,多出6人。活下来的士兵有多少人?

本题为一道综合性题目,与之前分装水果和数鸡蛋有了一些差异,同时提供了丰富的数据,因此对学生获取与梳理信息的能力要求比较高。在方法上既是对巩固练习和拓展练习的应用,同时也对问题解决提出了更高的要求。需要先解决最少有多少人,再根据给出的最多不超过1500人这一约束条件进行合理调整。

▶ 解析点评

◎ 信息解读,关联数学知识

在解决问题中教师往往习惯性地将策略的多样化作为课堂的重点,忽视了学生对信息的获取与解读。在本案例中,教师有意引导学生从题目的条件和问题双向入手,通过找关联的方式,将信息进行拆解。把题目中的生活情境剥离,从而看到数学本质。一步步引导学生从"每8个装一盒,每9个装一盒",想到"能被8和9整除",进而想到"求8和9的公倍数",不断地关联数学知识,从而提高信息获取与梳理的能力。

◎ 方法试错，积累活动经验

本题可以直接告诉学生采用求最小公倍数的方法解答，寥寥几句就可以完成教学。但题目表述方式发生一些变化时，学生就会呈现出不知所措的样子。因此教师在教学中要允许学生试错，从题意的理解开始，发现要找一个被除数同时满足整除两个数，因此想到了列表法。再由石榴的总数不变，想到列方程解决。即便从已知者的视角看，列表法不好用，方程法无法解答，但是这个过程应该让学生自己经历，通过关系的分析、表征，才能积累数学活动经验，提升数学能力。

◎ 变式对比，走近概念本质

本题的变式练习可以分为两类：余数相同和余数不同。余数相同的情况又可分为两类：余数为0和余数不为0。余数不同时，关注余数的特征，发现余数都是与除数相差1。设计具体情景让学生对比，感受到原来都是先求最小公倍数，再处理余数，更好地让学生体会到数学概念的掌握不仅仅是简单的记忆，而是建立在对知识的深度理解和灵活应用之上的。

精雕细琢　深度构建

六年级上册"圆周长问题"

▶ **选题缘由**

　　学生在学习了"圆的周长"以后，已掌握了一些基本知识和内容，但是一旦碰到一些有难度的问题，如不能直接根据周长公式解决的，解题的错误率就会比较高，归根结底就是学生只是"简单"地掌握，熟练运用所学知识解决问题的能力还需锻炼和培养。通过对人教版小学数学教材六年级上册第64页练习十四第12题进行说题，意在让学生不断探索、拓展，在经历观察、比较、总结、反思的过程中，更好地掌握圆周长的相关知识。

⑫* 把圆柱形物体分别捆成如下图的形状（从底面方向看），如果接头处不计，每组至少需要多长的绳子？你发现了什么？

  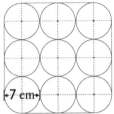

▶ **说前思辨**

◎ **教材分析**

本题是人教版小学数学教材六年级上册第五单元"圆的周长"中的一道习题，属于小学数学第三学段"图形与几何"中图形的认识与测量部分的内容。在学习了圆等平面图形周长的基础上，让学生借助操作探究圆的周长公式，灵活解决生活中的实际问题，培养学生的抽象能力、运算能力、空间观念、推理能力和模型意识。

◎ **题目分析**

本题是在学生学习了圆的概念，掌握了圆的周长公式的基础上，以平面图形的周长计算为载体，稍加变化提升后，利用曲边和直边的相关数量，来解决实际问题。它不是单纯地求圆的周长，而是涉及组合图形的边线问题，可以通过读一读、描一描、分一分、找一找、想一想、算一算等方法，有效地加以解决。本题主旨在于培养学生的模型意识，有意识地用数学的概念与方法解决生活中的实际问题，会用数学的语言进行正确表达。

◎ **学情分析**

题目是有难度的，不是所有学生都能掌握得很好。大多数学生能够根据周长公式计算一些简单的问题，对于这种有关周长的拓展题还是有困难的，有部分学生在学习过程中可能会一筹莫展，所以建议通过小组合作探究的形式进行学习。为使学生彻底弄清楚题意，并正确解题，应使学生学会一定的分析问题的方法和策略，帮助他们在头脑中建立一定的思维支架。从最简单的图形入手，帮助学生找到曲线和直线的分界点，理解图形周长的构造，引导学生自主探究该题的解题思路和解题方法。

◎　**基本练习，理解周长之构造**

1.读一读

让学生独立尝试解决下图中的问题。

⑫* 把圆柱形物体分别捆成如下图的形状（从底面方向看），如果接头处不计，每组至少需要多长的绳子？你发现了什么？

2.描一描

引导学生理解"一周的长度"所表示的意思，让学生用自己的话来说一说，并用红笔描出图形"一周的边线"。

3.分一分

引导学生结合自己的思考、想象，将图形"一周的边线"分成四部分——两条线段和两条曲线（见右图），从而促进学生更清晰、更正确地理解图形周长的构造。并通过同桌讨论，让学生找出曲线与线段的分界点：画一条与线段互相垂直的半径，垂足A就是曲线与线段的分界点，用相同的方法可以找到另外三个分界点B、C、D。

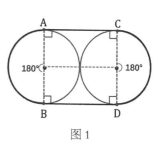

图1

4.算一算

通过观察、比较，引导学生发现两条线段都和直径的长度相等，两条曲线都和圆周长的一半相等。最后让学生在观察图的基础上列式计算：

图形的周长＝1个圆周长＋2条直径＝$7\pi + 2 \times 7 = 7\pi + 14$（cm）。

【思考】此环节的安排是基础也是重点，结合学习单上的内容，按照上述流程，引导学生完成对图1的探究学习，并且提炼出解决此类问题的策略和方法，为解决后续的题目提供依据和方法。

"圆周长的拓展练习"学习单

动动脑筋，你是最棒的！

1. 想一想"一周的边线"由哪几部分组成？请你用不同颜色的笔描一描。

2. 写一写、算一算

图形的周长＝（　　　）个圆周长＋（　　　）条直径

= _____

= _____（cm）

◎ **提升练习，巩固周长之组成**

1.出示题目信息，预设解题方案

解题之前，可以引导学生说说预设方案：将一周的边线分成曲线部分和线段部分，找准它们的分界点，用不同颜色的笔描一描，再数一数，算一算图形一周的长度。

2.开展小组合作，探究解题过程

以小组为单位，让学生分一分，画一画，算一算，独立完成学习单。

研究内容			……
圆柱个数（个）			
直径数量（条）			
圆周长数量（个）			
绳长（厘米）			

3.小组汇报交流，反馈任务结果

积极鼓励学生上讲台进行交流分享：

①画一画：学生将一周的边线分成曲线部分和线段部分（见右图）。

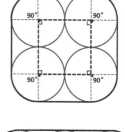

②议一议：如何找到分界点？

画一条与线段互相垂直的半径，标上垂足，垂足就是曲线与线段的分界点。

③算一算：周长＝1个圆周长＋4条直径＝7π＋4×7＝7π＋28（cm）。

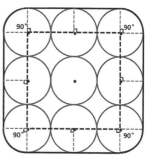

④提一提：将难度提升，把四个圆柱体改为9个圆柱体，求一周的长度。

先让学生根据"学习单"中的图，分一分，用不同颜色的笔描一描（见右图）。

再让学生完成"学习单"中的内容，写一写，算一算。

⑤想一想：引导学生思考，解决这类问题，有什么好的办法？如果增加圆柱体的数量，或搭成"长方形"，能不能算出绳子长度？

⑥说一说：任务单内容反馈。

研究内容	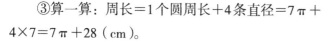		......
圆柱体个数（个）	2×2＝4	3×3＝9	......
直径数量（条）	1×4＝4	2×4＝8	......
圆周长数量（个）	1	1	......
绳长（厘米）	7π＋4×7＝7π＋28	7π＋8×7＝7π＋56	......

【思考】经历了图1的解题过程后，学生已经有了一定的解题方法和能力。所以在解决图2、图3时，可以放手让学生独立思考，自主完成。

【板书设计】

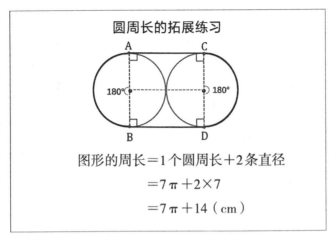

圆周长的拓展练习

图形的周长＝1个圆周长＋2条直径

＝7π＋2×7

＝7π＋14（cm）

◎ 练习拓展，升华周长之应用

此类问题的解决，有一定的难度，为了让学生灵活解决类似题型的周长问题，提高学生的解题能力，可以设计以下不同层次的习题：

1.基础训练

问题1：将16个瓶子减少一半（见下图），捆一圈至少需要多长的绳子？

①想一想"一周的边线"由哪几部分组成？请用不同颜色的笔描一描。

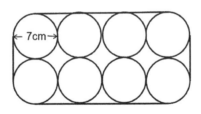

②写一写、算一算：

图形的周长＝（   ）个圆周长＋（   ）条直径

＝＿＿＿＿＿＿＿＿＿＿＿＿

＝＿＿＿＿＿（cm）

【设计意图】本题是在基础训练的基础上加以改变的，方法类似，区别就是长边和短边上的直径数量不同。

2.能力提升

问题2：有3个瓶子（见下图），捆一圈至少需要多长的绳子？

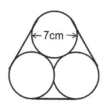

①想一想"一周的边线"由哪几部分组成？请用不同颜色的笔描一描。

②写一写、算一算：

图形的周长＝（　　　）个圆周长＋（　　　）条直径

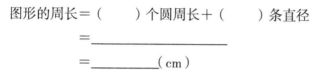

＝＿＿＿＿＿＿＿＿＿＿

＝＿＿＿＿＿（cm）

【设计意图】3个瓶子所组成的图形的周长，比起偶数个圆柱体组成的图形，内容、难度都有拓展，关键是如何证明三部分曲线围起来是圆一周的边线之和。

3.思维拓展

问题3：将瓶子的数量增加到5个（见下图），捆一圈至少需要多长的绳子？

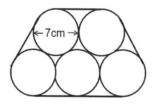

①想一想"一周的边线"由哪几部分组成？请用不同颜色的笔描一描。

②写一写、算一算：

图形的周长＝（　　　）个圆周长＋（　　　）条直径

＝＿＿＿＿＿＿＿＿＿＿

＝＿＿＿＿＿（cm）

【设计意图】

和3个瓶子的边线问题比起来，5个瓶子所组成的图形中，曲线部分所对应的圆心角，从度数相同到度数不同，使整组练习更有层次，内容更加丰富。

▶ **解析点评**

◎ **动手操作，自主探究**

新课标（2022年版）指出，要着力发展学生核心素养，凸显学生主体地位，关注学生个性化、多样化的学习和发展需求。解决本题时，我们安排了大量的需要学生动手操作、自主探究的环节，引导和驱动学生通过小组合作讨论、交流等方式，找到解题的方法，促使学生经历问题解决的全过程，这样有利于激发学生的学习兴趣，让学生经历真实的探究过程，获得真实的学习体验，从而促进学生实现知识的深度构建，发展自主探究能力，培养创新意识。

◎ **步步引导，层层深入**

从内容上看，本题是一组同类型的题，从简单到复杂，解题的方式是类似的，是有方法可循的。解题过程中，每一步的安排，目标都是非常明确的。图1的解题过程，是关键，也是基础。引导学生理解图形周长的构造，能准确找到曲线和线段的分界点，最后正确计算图形一周的长度。让学生学习独立思考、自主探究解题方法，并为他们提供展示平台。另外，习题的改编与拓展，让学生真正做到：学会一道题，会做很多类似的题。

◎ **善于思考，勇于尝试**

本题是一道非常有特色的题目，可以把它改编成一节特殊的练习课，改变常规的"学生做，教师讲评"这种单一的模式，尝试让学生通过自主探究的方式，找到问题解决的关键和方法。通过说题，让学生经历数学观察、数学思考、数学表达等学习过程，提高解决实际问题的能力，培养学生的综合素养，促进学生全面发展。

借助几何图 转化找联系

六年级下册"圆柱表面积"

▶ 选题缘由

　　本题为人教版小学数学教材六年级下册课堂作业本第13页第4题,属于小学数学第三学段"图形与几何"图形的认识与测量部分的内容。学生在一年级"认识图形"的时候对圆柱已经有了初步的感知,能够辨认圆柱物体。同时,学生已经掌握正方形和长方形的面积计算、正方体和长方体的表面积计算等,也建立了一定的空间概念和几何直观能力。这是学生学习了圆柱表面积计算后的课堂练习,主要考查学生对圆柱表面积中侧面积计算的理解以及学生的空间想象能力。本题要求学生不仅会计算圆柱的表面积,还能灵活地进行转化。通过对这道题的练习,使学生能更好地理解增加的表面积就是增加部分圆柱的侧面积,正确运用圆柱表面积的知识进行计算。

*4. 一个圆柱的侧面展开图是一个正方形。如果圆柱的高增加 2 cm, 侧面积就增加 12.56 cm²。原来这个圆柱的表面积是多少平方厘米?

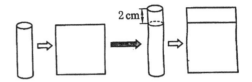

▶ 说前思辨

◎ 题目分析

这道题以圆柱的表面积计算为基础，学生在解题过程中主要存在两个难点：一个难点是把增加侧面展开的长方形的"长"转化为圆柱底面的周长，从而得到圆柱底面半径的大小；另一个难点就是原来圆柱的侧面展开图是一个正方形所以原来圆柱的高等于底面圆的周长。但是学生在解题过程中对这两个难点存在一定的困难，无法进行转化及空间想象，实际上这类题目的计算难度确实比较大。

本题底面积不变，圆柱高的变化引起表面积的变化，由此可以求出底面周长，进而求出表面积。底面周长 C = 变化的表面积 ÷ 变化的高度。

◎ 学情分析

学生第一次尝试做这类题目时正确率不高，部分学生甚至无从下手。

学生的错误一（见图1）：这类学生不理解求出来的6.28cm表示什么，只求了一个正方形面积。

*4. 一个圆柱的侧面展开图是一个正方形。如果圆柱的高增加 2 cm, 侧面积就增加 12.56 cm²。原来这个圆柱的表面积是多少平方厘米?

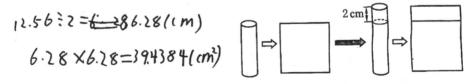

图1

学生的错误二（见图2）：这类学生不理解12.56cm²具体指的是什么，增加的面积在哪里，对侧面积的理解不够深入，几何建模能力和空间概念不够强，而且之前圆周长的认识起了负迁移。

*4. 一个圆柱的侧面展开图是一个正方形。如果圆柱的高增加 2 cm，侧面积就增加 12.56 cm²。原来这个圆柱的表面积是多少平方厘米？

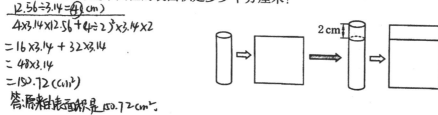

12.56÷3.14=4(cm)
4×3.14×12.56+4÷2×3.14×2
=16×3.14+32×3.14
=48×3.14
=150.72(cm²)
答：原来的表面积是150.72cm²。

图 2

因此，这道题的重点是让学生理解增加部分的面积是哪一部分的面积，然后还需要理解原来圆柱侧面的高等于圆柱底面的周长，求出圆柱的底面周长，即得到圆柱底面的半径，最后求出圆柱的表面积。

▶ **说题过程**

几何与图形类的题目如果是一味地讲授，学生很难在头脑中建立起清晰的圆柱形象。这类题目需要学生经历充分的空间想象，画一画、动一动，让学生基于实践操作探索解题思路，发展空间概念。我们主要通过四个步骤来引导学生进行思考。

◎ **审题画图**

引导学生结合自己的思考、想象，尝试在题目给出的图中标出已知数据（见图 3），从而促进学生更清晰、更正确地理解题意。

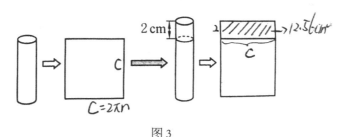

图 3

◎ **转化解题**

经历观察、操作、思考、想象后，让学生来说一说侧面积增加的部分是哪一部分，如何求出圆柱底面的半径。学生感悟到增加部分侧面展开的长方形的"长"可转化为圆柱底面的周长，原来圆柱的高等于底面圆的周长，自然就能选择有关数据进行计算。

求底面圆的周长：$12.56 \div 2 = 6.28$（cm）

求底面圆的半径：$6.28 \div 3.14 \div 2 = 1$（cm）

原来圆柱的表面积：$3.14 \times 1^2 \times 2 + 6.28 \times 6.28 = 45.7184$（$cm^2$）

◎ **回顾反思**

引导学生回顾解题过程，探究解题策略：怎么得到底面圆的周长、底面圆的半径；面积增加的部分是一个长方形，"长"等于底面"圆的周长"，宽等于增加部分的高。所以圆柱的高增加对于表面积来说实际上就是增加了一圈的侧面积，展开即一个长方形。

以后遇到这类问题，可以怎么解决呢？我们可以通过在图中找到增加部分的面积是哪一部分，如果原题没有图，我们也可以画一画，通过形象的图片来帮助理解题意。

◎ **变式练习**

要让学生学会找到隐含的等量关系，再利用转化和数形结合的数学思维方法。对此，我们设计了以下问题：

问题1：从一根高2m的圆柱木料上截下6dm后，木料的表面积减少了$75.36dm^2$。求原来这根木料的表面积。

问题2：如右图，一个圆柱高8cm，如果它的高增加4cm，那么它的表面积就增加$50.24cm^2$。求原来圆柱的体积。

【设计意图】设计这两个变式练习，让学生通过练习知道增加部分的面积或者减少部分的面积就是增加或减少部分的侧面积，通过增加的面积得到底面圆的周长，通过周长再得到底面圆的半径，知道了底面圆的半径和圆柱的高，就能求出原来圆柱的表面积和体积。

问题3：把一个圆柱形木块沿底面直径竖直切成两部分，表面积比原来的增加了$600cm^2$，已知圆柱木料的底面直径为10cm，这根木料的体积是多少？表面积是多少？

【设计意图】这题不是高的增加和减少引起表面积的变化，而是由竖切引起表面积的变化。解题的思路也是一样的，增加部分的表面积＝底面直径×圆柱的高，借此可以求出圆柱的高。

▶ **解析点评**

解决此类问题，要求学生有很强的空间观念和几何建模能力。学生需要根据题意想象出几何图形，题目有图的时候实际上是降低了题目的难度，标上已知的数据，利用几何直观的模型，把文字转化成直观的图形。几何题要让学生脑中有图、有模型，才能求解。建立了一定的几何模型后，才能让学生从中找到数量关系，从底面圆的周长得到底面圆的半径，从而求出圆柱的表面积和体积。

最终引导学生理解此类题目的解题策略，突破难点，掌握解题的方法。在学生解题的时候，给学生充分的时间和空间，鼓励学生进行合作探究，得出解题的方法。但是解决一切问题的前提都是仔细审题、理解题意，有了一定的解题思路后再有条理地解决问题，要培养学生养成良好的解决问题的习惯。

利用转化　发展推理意识

六年级下册"多边形内角和"

本题为人教版小学数学教材六年级下册第102页练习二十二第4题。

④（1）多边形的内角和与边数有什么关系？

多边形					……
边数	3	4	5	6	……
内角和	180°	360°			……

（2）一个九边形的内角和是多少度？

（3）*一个 n 边形的内角和是多少度？

▶ **说前思辨**

◎　**题目解析**

通过问题（1）"多边形的内角和与边数有什么关系"，明确地要求学生从"边"的维度与内角和建立联系；在表格只出示到六边形的内角和的情况下，问题（2）提出"一个九边形的内角和是多少度"，要求学生根据出示的实例进行观察、操作，进而推理出答案，甚至初步总结出一般的计算方法；带有"*"的问题（3）"一个 n 边形的内角和是多少度？"，提示学生找到计算方法并抽象成含有字母的表达式，即 n 边形的内角和＝$180°×(n-2)$。循序渐进的问题设计，引导学生利用转化的思想层层深入探究，通过猜想、验证、归纳等方法推理出计算方法，即数量关系。

◎　**地位价值**

本题在义务教育段小学数学教学中具有承上启下的作用。

承上：四年级下册第67页练习十六中的第4题。

这一题是人教版小学教材第一次出现对"多边形的内角和"的探究。表格中用"图形"来命名，那么对于大部分学生来说只需要合理推算出六边形、七边形的内角和，对于思维水平较高的学生，还可以扩展到八边形、九边形等其他多边形的内角和。

④　画一画，算一算，你发现了什么？

图形						……
边数	3	4	5			……
内角和	180°	180°×（　）	180°×（　）			……

启下：人教版初中数学教材八年级上册第21—22页11.3.2"多边形的内角和"。

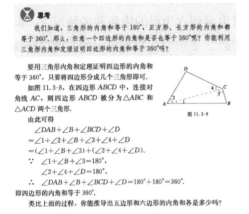

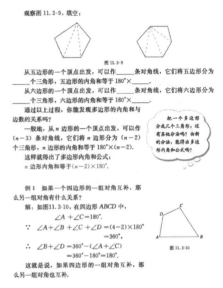

不难发现，初中教材也是把多边形转化成三角形进行内角和的探索，侧重培养转化思维、推理能力等。人教小学数学教材四年级下册、六年级下册的编排在探究方法、凸显思想上都与之有很大的关联。

通过以上材料对比，可以看出，六年级下册的这道练习是承接着四年级下册练习的再抽象和提升，更是为初中学习作铺垫。但无论是哪个时期，都是集中于对"边"与"内角和"关系的探究。不过它们之间其实还有一个最重要的桥梁：多边形转化成三角形的个数。因为，在探究过程中，都是让边数先与分出的三角形的个数建立联系，再与多边形的内角和进行关联。这一逻辑关系和知识本质，需要在六年级下册的练习中进行推理和内化。

◎ **学情分析**

通过四年级下册的学习，大部分学生已经有了丰富的探究经验，甚至知道多边形的内角和计算方法；也有少部分学生会通过画一画，把多边形分成若干个三角形进行探究，用不完全归纳法推理出计算方法。但是这些学生对方法的本质却不一定清楚，更没有充分经历分析、推断、归纳、联系等几何推理的过程，所以知其然而不知其所以然。

◎　**核心素养**

在解决这个问题的过程中，可以培养学生的推理意识、几何观念、建模意识、应用意识。

1.推理意识

这是本练习重点凸显的一个核心素养，练习的安排是让学生在研究多边形的内角和时，通过枚举法发现多边形的内角和均与其边数有关，即边数减去2所得的差与180°的乘积，从而得出"多边形的内角和均等于其边数减去2所得的差与180°的乘积"的一般结论，这属于不完全归纳推理。设计计算方法的研究时，加以观察、分析、猜想、验证，以进一步发展学生的推理意识。

2.几何观念

借助将多边形分成若干个三角形的直观操作，让学生精准把握"边"与"内角和"的关系，帮助他们理解计算方法的实质。

3.建模意识

通过问题（3），让学生发现计算规律可以抽象成数学模型，并加以检验，计算方法得以应用，无形地让学生浸润在建模的整个过程中。

4.应用意识

学以致用，能用得到的计算方法灵活解决相关问题。

▶ **说题过程**

◎　**归纳推理，探究多边形内角和**

1.根据数据表象，初步感知规律

出示问题（1）：仔细观察表格，多边形的内角和与边数有什么关系？引导学生从数据表象发现：①从左往右，多边形的边数依次多1，内角和依次多180°；②多边形的内角和等于它的边数减去2所得的差与180°的乘积。

出示问题（2）：一个九边形的内角和是多少度？

预设1：按照发现①，逐步计算出来。

预设2：根据发现②，计算（9－2）×180°。

【设计意图】通过问题（1），暴露学生的认知起点，一般都会先从数据入手找规律，遵照学生自己的想法顺势用自己的方法解决问题（2），在这个过程中，部分学生已经初步感知计算方法。

2.经历推理过程，发现规律本质

（1）设疑、猜想

提问：十一边形、二十边形的内角和呢？算一算，和同桌分享一下。

追问：难道一直这么算下去吗？你发现了什么计算方法？请大胆猜想！

预设：多边形的内角和＝180°×（边数－2）

（2）验证、明理

提问：这里的"边数－2"表示的是什么？和同桌讨论一下。

预设：每个多边形都被分成了（边数－2）个三角形，每个三角形的内角和是180°，所以多边形的内角和是180°×（边数－2）。

追问：能具体举例说明吗？

预设：如表格中所示，从五边形的一个顶点出发，连接其他几个顶点，分出了（5－2）个三角形，那么内角和就是180°×（5－2）＝540°。

七边形、八边形等同上。

小结：表格中都是从多边形的一个顶点出发连接其他几个顶点，将多边形转化成三角形进行研究，分出的三角形个数比边数少2。

追问：为什么分出的三角形个数比边数少2？

预设：因为从一个顶点出发，连接与它相邻的顶点所成的边正好和原来的边重合，不能围成三角形，那么三角形的个数会比边数少2。

多边形	△	⊿	⬠	⬡	⋯⋯
边数	3	4	5	6	⋯⋯
内角和	180°	360°			⋯⋯

追问：谁知道为什么多边形的边数多1，内角和就会多180°？

预设：多边形的边数多1，就会多分出一个三角形。

（3）归纳、抽象

提问：我们不仅验证了刚才的猜测是正确的，还知道了180°×（边数－2）的道理，那么一个n边形的内角和又该如何表示呢？

预设：n边形的内角和＝180°×（n－2）

【设计意图】让学生充分经历猜想、验证、归纳的推理过程，在建立计算模型的同时，借助直观几何图形，通过两次追问，深入挖掘计算模型背后的道理。追问1：这里的"边数－2"表示的是什么？引导学生结合图形进行转化，在边数与分出的三角形个数间建立联系，从而更好地理解"边"与"多边形内角和"之间的关系；追问2：为什么分出的三角形个数比边数少2？引导学生思考规律的本质，进行理与法的沟通与互融。两次追问，引导学生思考问题本质，经历并理解计算方法形成的过程。

◎ **拓展延伸，再探多边形内角和**

1.探寻方法，拓展思维

提问：还有其他方法进行探究吗？

预设1：分割成几个三角形和四边形进行计算。

预设2：在图形内找一点连接各个顶点，也转化成三角形进行探究。

预设3：还可以在边上（非顶点）找一点，连接各个顶点，也转化成三角形进行探究。

预设4：能否在图形外找一点？

讨论后，发现预设1的方法麻烦、容易出错。预设2、3可以先研究。

2.自主探究，发现规律

多边形						……
边数	3	4	5			……
内角和						……

3.汇报交流，方法多样

（1）在图形内找一点连接各个顶点

201

多边形						······
边数	3	4	5	6	7	······
内角和	180°	180°×4-360° =360°	180°×5-360° =540°	180°×6-360° =720°	180°×7-360° =900°	······

预设：只要在图形内找一点，都能把这个图形转化成与边数相等的数个三角形，但最后不能忘记减去中间的周角，因为它不是内角。

小结：每个多边形都可以转化成与边数相同个三角形，但内角和要减去中间的周角。n 边形的内角和 $= 180° \times n - 360°$。

（2）在边上（非顶点）找一点连接各个顶点

多边形						······
边数	3	4	5	6	7	······
内角和	180°	180°×3-180° =360°	180°×4-180° =540°	180°×5-180° =720°	180°×6-180° =900°	······

预设：只要在图形的一条边上找一点（非顶点），就能把这个图形转化成比边数少1的若干个三角形，但这个点所在的平角并不是多边形的内角，要减去180°。

小结：每个多边形都可以转化成比边数少1个三角形，n 边形的内角和 $= 180° \times (n-1) - 180°$。

4. 对比联系，感受相同

提问：这三种计算方法有没有什么联系？

预设1：都是将多边形转化成三角形进行探究。

预设2：这三种计算方法可以利用乘法分配律进行相互转换。

$$180° \times (n-2) \qquad\qquad 180° \times (n-1) - 180°$$
$$= 180° \times n - 180° \times 2 \qquad = 180° \times n - 180° - 180°$$
$$= 180° \times n - 360° \qquad\qquad = 180° \times n - 360°$$

总结：虽然这三个计算方法看上去不同，但都转化成了若干个三角形去推理出多边形的内角和，且能互相转化。我们可以用任何一种方法进行计算！

挑战：在多边形外面找一点连接各个顶点，你能推理出这个多边形的内角和吗？

【设计意图】不局限于一种方法的探究，多种方法的展示和关联，能更好地发展学生转化的思想，拓展学生思维；学生也在这个过程中经历了想象、猜测、验证、归纳，能更好地发展自身的推理意识。

◎ 练习巩固，发展学生应用意识

1.借助几何直观，想象推理

算一算：正八边形、正二十边形的内角和是多少度？想象一下正一百边形……

看一看：你有什么有趣的发现？引导学生发现：边数越来越多，这个多边形会越来越接近于圆。

2.利用变式练习，逆向推理

一个九边形，其中6个内角之和是870°，∠7是个直角，∠8＝∠9，那么∠9＝（ ）度。

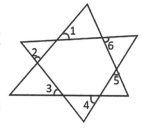

3.学会整体观察，灵活应用

右图∠1＋∠2＋∠3＋∠4＋∠5＋∠6是多少度？请算一算。

【设计意图】三个练习的设计目的有三：第一，借助几何图形，让学生根据边数的不断增加，想象推理出"正无穷多边形"趋向圆的现象，也渗透了极限思想；第二，逆向的逻辑推理，让学生灵活运用规律本质以及探究计算规律的过程与结果；第三，从整体出发观察，灵活运用特殊角、多边形的内角和解题。

▶ **解析点评**

1.重本质

作为小学阶段少有的几何推理题，本题重在建构多边形的内角和计算方法及形成过程，让学生了解其中的前因后果；利用乘法分配律，将多种计算方法沟通与关联，将规律有效打通；练习的设计更是指向问题本源，通过发现、提出、分析、解决问题，提升学生的"四能"。

2.显迁移

基于学生经验的感悟，本题注重转化思想，将多边形转化成若干个三角形、将新知转化成旧知进行探究。整个过程让学生充分感受研究思路和所用的数学思想方法，引导学生迁移到其他图形的探究。

3.展素养

在研究多边形的内角和过程中，借助几何图形，让学生充分感受到从特殊推理到一般的过程，建立数学模型，并将三个模型进行互换。整个过程合情推理与演绎推理相得益彰，侧重培养学生的推理意识。

后记

听见·看见

　　一直很仰慕能写书的大家！当得知默默耕耘在一线的我也有机会将铅字结集成册时，激动、忐忑、酸甜苦辣各种滋味瞬间涌上心头。

　　首先，要感谢孩子们。是他们思维拔节的声音让我有了成功的喜悦、坚持的动力。如何通过评价激发、保持每个孩子的成长动力，是我们数学老师努力的方向，这也是我出版本书的初衷。

　　起：2011年版课标颁布引起实验教材较大变化，尤其是解决问题的编排。2017年，以说题为形式，我进行了过程性评价探索，结果发现学生在解决问题时几乎没有"回顾与反思"环节，审题习惯和方法也有缺失，暴露了教的问题。

　　承：以过程性评价为导向，以结构化思维培养为目标，将说题的功效放大，力求形式多样化。以学促教，同时研究教师说题。

　　转：三年新冠疫情期间的线上教学更是让数学说题发挥了极大的作用。

　　合：新课标（2022年版）提出的"三会"核心素养更是坚定了我的信心，遂将点滴做法进行了汇总和提炼。

　　本书得以出版，要感谢一路给予指导、帮助和温暖的领导、专家们。李铁安所长、斯苗儿老师、郁红老师、郑宇醒老师、沈海驯老师、汪明帅老师……指导场景历历在目，赐教话语萦绕耳边。单位领导、同事的鼎力支持给了我满满的动力！更不忘，周本圣、李旭霞、张珂、吴婷婷……小伙伴们相互扶持，一路同行！

　　因为被听见、被看见，所以更愿意被听见、被看见！

　　是以后记。

王哲燕

2023年8月30日